News from Ideological Antiquity:
Marx-Eisenstein-Capital

Из рабочих тетрадей
1927-1928 годов

Из рабочих тетрадей 1927~1928 годов
Серге́й Миха́йлович Эйзенште́йн

News from Ideological Antiquity: Marx-Eisenstein-Capital
© Alexander Kluge 2015
All rights reserved by and controlled through Suhrkamp Verlag Berlin.

Korean translation copyright 2020 by Moonji Publishing co., Ltd.
Korean edition is published by arrangement with Suhrkamp Verlag Berlin.

이 책의 한국어판 저작권은 Suhrkamp Verlag와 독점 계약한 ㈜문학과지성사에 있습니다. 저작권법에 의해 한국 내에서 보호를 받는 저작물이므로 무단 전재와 무단 복제를 금합니다.

〈자본〉에 대한 노트

News from Ideological Antiquity:
Marx-Eisenstein-Capital

Из рабочих тетрадей
1927~1928 годов

세르게이 에이젠슈테인
알렉산더 클루게

김수환
유운성 옮김

문학과지성사

김수환
러시아 과학아카데미 문학연구소에서 박사학위를 받았다. 현재 한국외국어대학교 러시아학과 교수로 재직 중이다. 지은 책으로 『책에 따라 살기』 『사유하는 구조』 등이, 옮긴 책으로 『모든 것은 영원했다, 사라지기 전까지는』 『코뮤니스트 후기』 『영화와 의미의 탐구』(공역) 『문화와 폭발』 『기호계』 등이 있다.

유운성
영화평론가. 2001년 『씨네21』 영화평론상 최우수상을 수상하면서 영화평을 쓰기 시작했다. 전주국제영화제 프로그래머, 문지문화원 사이 기획부장, 『인문예술잡지 F』 편집위원을 지냈고, 현재 영상비평지 『오큐로』의 공동발행인을 맡고 있다. 지은 책으로 『유령과 파수꾼들』 등이 있다.

채석장
〈자본〉에 대한 노트

제1판 제1쇄 2020년 3월 10일
제1판 제2쇄 2020년 4월 6일

지은이 세르게이 에이젠슈테인 알렉산더 클루게
옮긴이 김수환 유운성
펴낸이 이광호
주간 이근혜
편집 김현주 최대연
펴낸곳 ㈜문학과지성사
등록번호 제1993-000098호
주소 04034 서울 마포구 잔다리로7길 18 (서교동 377-20)
전화 02)338-7224
팩스 02)323-4180(편집) 02)338-7221(영업)
전자우편 moonji@moonji.com
홈페이지 www.moonji.com
ISBN 978-89-320-3602-1 03680

이 도서의 국립중앙도서관 출판예정도서목록(CIP)은 서지정보유통지원시스템 홈페이지(http://seoji.nl.go.kr)와 국가자료공동목록시스템(http://www.nl.go.kr/kolisnet)에서 이용하실 수 있습니다. (CIP제어번호: CIP2020001369)

차례

7 서문
　　　　옥사나 불가코바

27 영화 〈자본〉을 위한 노트:
　　1927~28년의 작업노트 중에서
　　　　세르게이 에이젠슈테인

91 이데올로기적 고대로부터 온 소식:
　　마르크스-에이젠슈테인-자본
　　　　알렉산더 클루게

일러두기

1 세르게이 에이젠슈테인의「영화〈자본〉을 위한 노트: 1927~28년의 작업노트 중에서」는 소비에트 영화저널 『영화예술 *Искусство кино*』(no. 1, 1973)에 실린 "Из рабочих тетрадей 1927~1928 годов"를 저본으로 삼되, 미국 시각문화저널 『옥토버 *October*』(vol. 2, Summer 1976)에 "Notes for a Film of *Capital*"이라는 제목으로 번역 게재된 글을 참조해 번역했다.

　알렉산더 클루게의「이데올로기적 고대로부터 온 소식: 마르크스-에이젠슈테인-자본」은 클루게가 2015년 제56회 베니스비엔날레에 초청되어 선보인 설치작품 "Nachrichten aus der ideologischen Antike: Marx-Eisenstein-Das Kapital, 2008~2015"와 연계해 출판한 영어판 소책자 *News from Ideological Antiquity: Marx-Eisenstein-Capital*을 번역한 것이다.

　옥사나 불가코바의「서문」은 옮긴이 김수환의 요청에 따라 저자가 이 책을 위해 새로 써서 보내준 것이다.

2 불가코바의「서문」과 에이젠슈테인의「영화〈자본〉을 위한 노트」의 주석은 각 글의 끝에 붙어 있다.「서문」에서 별도의 표시가 없는 것은 원주이며, 옮긴이주는 '〔옮긴이〕'로 표시했다. 에이젠슈테인 글의 주석은 모두 옮긴이가 붙인 것이다.

　반면 클루게의「이데올로기적 고대로부터 온 소식」의 주석은 본문 하단에 있다. 별도의 표시가 없는 것은 옮긴이주이며, 원주는 '〔원주〕'로 표시했다.

3 〔 〕 안의 내용은 옮긴이가 이해를 돕기 위해 삽입한 것이다.

서문

옥사나 불가코바*

마르크스의 『자본』을, 자신을 매혹했던 『율리시스』의 내적 독백을 사용해 영화로 만들어보겠다는 에이젠슈테인의 생각은, 요란한 농담이거나(스탈린이 바로 그렇게 반응했는데, 그는 에이젠슈테인이 미쳤다고 생각했다) 혹은 오늘날 예상치 않게 긴요해진 선지적 예견처럼 보일 수 있다. 그런데 여기서 말하는 긴요함은 신자유주의 정치학이나 마르크스를 향한 새로운 관심의 결과로 야기된 것이 아니다.

에이젠슈테인의 기획은 마르크스주의를 구현하려는 것이 아니었다. 감독은 심지어 『자본』을 읽은 적이 없지만, 그

* 옥사나 불가코바Oksana Bulgakowa(1954~)는 모스크바 태생의 영화학자로 현재 독일 요하네스 구텐베르크 대학에서 영화미디어학 교수로 재직 중이다. 전 세계에서 손꼽히는 에이젠슈테인 전문가인 그녀는 에이젠슈테인 전기(『세르게이 에이젠슈테인Sergei Eisenstein: A Biography』, Potemkin Press, 2001)를 출판했으며 관련 영화(〈에이젠슈테인의 다른 얼굴들The Different Faces of Sergei Eisenstein〉, 1998)와 전시(〈에이젠슈테인의 멕시코 드로잉Eisenstein's Mexican Drawings〉, Antwerp, 2009)를 기획하기도 했다.

책의 핵심을 이해하고 있기 때문에 꼭 읽을 필요가 없다고 공공연히 이야기했다. 그가 하려고 했던 것은 영화의 가능한 미래를 제시하는 일이었는데, 이를테면 장르-줄거리-스타의 상업적 캐논 바깥에 있는, 심지어 그 자신이 구축한 러시아 혁명 영화의 성공적인 공식(역사적 공간 속에 위치한 대중의 운동) 바깥에 놓인 미래였다. 물론, 영화의 미래는 감독이 예견한 것과는 다른 형태로 찾아왔다. 그의 비전은 영화가 아니라 '사물로의 전환thing turn'을 이끈 동시대의 이론, 혹은 미술관 설치와 같은, 영화 바깥의 영화의 새로운 존재 형식들 속에서 구현되었다. 에이젠슈테인이 그런 형식들의 예견에 이르게 된 것은 영화 〈10월〉의 작업, 그리고 일기〔작업노트〕에만 적어놓았던 '〈자본〉 프로젝트'(1927~28)의 결과였다.

에이젠슈테인의 '〈자본〉 프로젝트'에 관심을 기울였던 두 명의 현대 예술가가 그것을 영화의 경계 너머로 가져간 것은 이런 점에서 주목할 만하다. 에이젠슈테인의 급진적 실천을 이어간 두 가지 사례로 영국 감독 피터 그리너웨이의 1964년 전시 〈겨울궁전의 에이젠슈테인〉과 알렉산더 클루게의 9시간 반짜리 비디오콜라주 〈이데올로기적 고대로부터 온 소식: 마르크스-에이젠슈테인-자본〉을 들 수 있다. 후자는 2008년에 DVD로 먼저 출시되었고, 이후 2015년에 베니스 비엔날레 전시로 출품되었다.

〈10월〉과 〈자본〉에서 혁명적 군중을 대체하고 있는 것은 사물과 조각상, 그리고 건축이다. 이는 당시 잡지 『신新 레프』지면에서 펼쳐진 사물을 둘러싼 논쟁에 대한 에이젠슈테인의 논쟁적인 답변으로서, 이후 발표된 세르게이 트레티야코프의 에세이「사물의 전기」와 공명한다.[1] 한편 에이젠슈테인의 작업은 1920년대 말에 시작된 발터 벤야민의 '파사주 프로젝트'와도 병치될 수 있다. 벤야민은 19세기의 사물들의 세계를 물화된 백일몽의 세계로 보았다. 그가 그려낸 유년 시절은 온갖 새로운 사물들—전화, 파노라마, 마네킹, 파사주, 진열장, 철도역, 세계 박람회, 유리로 된 집, 백화점, 광고, 거리 조명, 자판기—이 삶 속으로 침투하는 장면으로 가득 차 있다. 이 모든 것들이야말로 벤야민에게는 자본주의의 인상학적 폐허, 즉 그 속에서 실체가 사물의 껍데기와 분리되지 않는 자본주의의 정신을 보여주는 징표로 여겨졌다. 벤야민은 자신의 '고고학'을 초현실주의와 연결시켰는데, 초현실주의자들이야말로 새로운 신화의 흔적으로서 사물을 얼이젖힌 자들이었다.

이 문제들 중 일부가 오늘날 예기치 않은 적실성을 획득했다. 이는 사회학과 철학에서의 전회, 사물의 사회사 및 과학사에서 그것들이 행하는 역할에 대한 문헌학적 관심, 문학 연구에서 빌 브라운의 사물 이론의 출현, 인간과 비인간 사이의 상호관계의 중요성을 설파하는 브루노 라투르의 주술 등과 관련해 생긴 일이다.[2]

사물을 향한 이런 증대된 관심은 예술학에서 일어난 인류학적 전회와 민족지학에서의 새로운 지향과도 관련된다.

이런 전회와 지향은 흔히 비밀스런 행위와 제의를 통해 정의되곤 하는, 박물관을 가득 채운 엄청난 양의 사물들의 의미를 아무도 제대로 이해하지 못하고 있다는 사실을 인식했을 때 일어났다. 이는 최근의 전시 기획들, 가령 닐 맥그리거Neil MacGregor에게 영감을 받은 대영박물관의 〈독일: 국가의 기억들〉(2014년 10월 16일~15년 1월 25일)에서도 확인되는데, 거기서 500년의 독일 역사는 200개의 '말하는' 사물들(카를 대제의 왕관, 구텐베르크의 성경, 폭스바겐 풍뎅이 자동차, 아우슈비츠 수용소…)을 통해 제시된 바 있다.

당연히 이런 전개는 20세기 예술의 긴 행보를 뒤따르는 것이다. 이를테면, 그것은 러시아 생산주의자들과 유럽 구축주의자들에서 시작해 바우하우스, 뒤샹의 레디메이드, 초현실주의의 오브제 트루베objets trouvés 시학, 팝아트, 앤디 워홀의 통조림, 요제프 보이스의 의자들, 클라스 올든버그의 거대 사물들로 이어지는 행보가 그것이다. 현대의 디지털 예술과 그 해석자들은 사물과 감각성이 무엇을 뜻하는지, '사물들'을 끌어모아 만든 설치작품의 작가에게, 혹은 인용 더미로부터 새로운 이론을, 수백만 개의 유튜브 클립으로부터 새로운 영화를 몽타주해내는 콜라주 작가에게, 과연 작가성이란 무엇을 의미하는지를 새롭게 정의하려고 시도한다. 최근 몇몇 논문이 이 범주들을 새롭게 정의하려 시도한 바 있는데, 가령 데빈 포어는 니콜라이 추작Nikolai Chuzhak의 사물 개념을 (뤼시앵 레비-브륄에서 브루노 라투르에 이르는) 인류학자들,

그리고 (레프 비고츠키에서 알렉세이 레온티예프에 이르는) 심리학자들에 연결시키면서, 소위 정보 상품이라는 현대적 개념의 프레임 속에서 탐구하고자 시도했다.[3]

에이젠슈테인의 〈10월〉에서 '말하는' 사물들은 페트로그라드[현 상트페테르부르크]의 다리들, 최초의 러시아 박물관 쿤스카메라에 소장된 신들의 형상, 전제정의 몰락을 표현하기 위해 파피에-마셰로 만들어낸 알렉산드르 3세 동상 등을 가리킨다. 당연히 여기에 덧붙여야 할 것은 겨울궁전 그 자체인바, 그것은 온갖 샹들리에와 조각상, 기계식 장난감, 지하 와인창고, 성상화, 장난감 양철 병정, 그릇, 크리스털, 파베르제 달걀들로 가득 차 있다.

당시 박물관이었던 겨울궁전은 마치 영화스튜디오의 소품 보관소처럼 보인다. 에이젠슈테인이 거기서 본 것은 거대한 백화점, 말하자면 '뮤어와 미릴리즈'[4]였다. 그는 권력이 축적해온 물건들의 무의미함 속에서 권력의 악덕과 부조리함을 열어 보였다. 혁명이란 부조리한 세계로부터 불필요한 대상들을 해방시키는 일이다. 에이젠슈테인은 황후의 침실에서 "도자기로 만든 200개의 부활절 달걀과 300개의 성상화"를 발견했는데, [물자 부족에 시달렸던] 당시 사람들은 아마도 그걸 보고 "돌아버렸을 수도" 있다.[5]

실제 역사의 현장에서, 겨울궁전 습격에 가담했던 이들의 조언을 들으면서 에이젠슈테인이 찍은 것은 무분별한 페티시즘의 형식으로 나타나는 모든 종류의 상징주의를 분쇄

▲
"그것은 온갖 샹들리에와 조각상, 기계식 장난감, 지하 와인창고, 성상화, 장난감 양철 병정, 그릇, 크리스털, 파베르제 달걀들로 가득 차 있다."

해버리는 은유적인 영화였다. 때로는 투명하고 때로는 캄캄한 영화의 사물적 은유들은 역사에 관한 신화를 만들었고 곧장 그것을 해체해버렸다. 이를테면, 왕좌는 매우 불편한 의자에 불과했다. 국가에 봉직함을 치하하는 메달은 무용한 쓰레기 산으로 변했다. 케렌스키는 (권력의) 계단을 끝없이 오르는데, 황제 홀의 문이 활짝 열렸을 때 정작 그가 들어가는 곳은 장난감 기계 공작새의 항문이다.

빅토르 시클롭스키는 "실패의 원인"이라 이름 붙인 리뷰에서 에이젠슈테인이 사물들에게서 마법을 제거하지 못했고, 외려 스스로 그것의 노예가 되었다고 적었다. "마치 조각상이 10월 혁명을 수행한 것처럼 보인다. 신화적이고 역사적인 조각상, 청동 조각상, 지붕 위의 조각상, 다리 위의 사자상, 코끼리, 이교상. 접시 가게 가운데 조각상들의 집회. 〔…〕 에이젠슈테인은 겨울궁전 속의 수만 개의 방에서 뒤엉켜버렸다."[6] 훗날 시클롭스키는 서구에 머물던 노년에 가서야 이 영화를 이해할 수 있게 되었다고 인정했는데, 그에 따르면 에이젠슈테인의 영화는 "인간이 사물들에 의해 질식당하는" 상황을 떠올리게 하는, "사물의 의지"와 "사물의 끝"[7]에 관한 영화다. 하지만 사물에 대한 에이젠슈테인의 이해는 젊은 시클롭스키와 노년의 시클롭스키 둘 다와 달랐다.

에이젠슈테인은 진열장에서 전시품들을 꺼내서 그것들을 옮기고 분해한다. 신들의 조각상을 갖고도 그렇게 하는데, 말하자면 여기서 그는 '만지지 마시오'라는 박물관의 제1

법칙을 거스르고 있다. 그의 방식은 이 사물들을 문화적 기억으로부터 뽑아버리고 아우라를 파괴하면서 전시품들을 물질로서 제시하는 것이다. 에이젠슈테인은 이와 관련해 모파상의 한 구절을 상기시키는데, 거기서 한 농부는 나무로 만들어진 길가의 십자가에 경배하길 거절하면서 그것이 여전히 사과나무를 기억하고 있기 때문이라는 이유를 댄다.[8] 물론 에이젠슈테인의 이 방식은 다다이즘적인 제스처에 해당하는 것이다. 그에 따르면, 전시품은 사물로 바뀌어야 하며, 그 사물은 만져지고 사용되어야 한다. 관객은 명상적이고 물신적이며 노스탤지어적인 사색에 잠길 게 아니라 거의 그것을 파괴하는 지경에 이를 때까지—마르셀 뒤샹의 '변기'(마침 1917년에 만들어진)가 그랬듯이—그 대상을 가지고 작업을 해야 한다.

이런 의미에서 에이젠슈테인에게 중요했던 것은 부적절한 두 시선의 모델을 대립시키는 가운데 자신이 영화 〈10월〉을 통해 극화해낸 특별한 시선의 편성을 강조하는 것이었다. 여기저기 뛰어다니며 전혀 주변을 보지 못하는 혁명적 대중의 시선이 첫번째라면, 호기심 많은 산책자의 분산된 시선이 두번째 모델이다. "혁명적 군중들의 무리와 더불어 […] 참여하지 않는 관객이 궁전으로 스며든다. 그들은 그곳에서 자신들이 한 번도 있어본 적이 없는 박물관을 바라본다."[9]

일반적으로, (무엇보다 관객의 운동성 덕분에) 시네마틱한 것으로 간주되곤 하는 이 두 가지 모델은 에이젠슈테인

∧
왕좌에 앉아 있는 에이젠슈테인.

이 보기에 충분히 영화적이지 않다. 에르미타주 박물관에 관한 알렉산드르 소쿠로프의 영화 〈러시아 방주〉(2002)에서 이데올로기와 플롯의 중심적인 구성 원리로 사용된 바 있는 눈먼 움직임, 즉 모든 역사적 의식을 탈각한 채 그저 수동적으로 움직이고 있을 뿐인 발터 벤야민과 지그프리트 크라카우어식 넋을 잃은 산책자의 호기심[10]은 새로운 지각의 모델로 교체될 필요가 있다. 에이젠슈테인식의 변증법적 몽타주라는 새로운 종류의 영화적 운동 내부에서 형성된 새로운 시각이 그것이다. 이 새로운 시선은 정신 분산을 촉진하는 종류의 시각 기계에 그 뿌리를 두고 있지 않다.

에이젠슈테인은 시선을 역동화하기 위해 카메라의 가능성을 이용했다. 몽타주는 적극적으로 사물을 다루기 위한, 더 정확하게는 그것의 이미지, 곧 영화(사)물을 다루기 위한 새로운 방식을 의미했다. 에이젠슈테인이 선언하기를, 영화(사)물은 "다종적인 구상들의 복합체" "아트락치온," 다시 말해 "갖가지 연상의 영역을 일깨우는" 자극, 흥분, 충동에 다름 아니다.[11] 움직임은 이제 내연 기관의 영역으로부터 사유 운동의 영역으로 옮겨진다. 에이젠슈테인은 자신이 사유를 보이도록 만들고 그것을 감각적으로 느껴질 수 있게 하는 새로운 언어를 발명했다고 생각했다. 유포리아적이고 "디오니소스적인" 상태로 장면들을 조립하면서 만들어낸 그 이론을 그는 "지적 영화"라고 불렀다. 이와 동일한 차원에서 사물들의 병치, 사물들의 생산과 유통, 인간관계를 변형하고 조종할 수 있는 사물들의 능력으로부터 발생하는 연상적 사슬들을 연구하는 영화가 구상되었던바, 〈자본〉이 바로 그것이다.

두 가지 단순한 행위의 병행 몽타주가 그 행위 요소들에 결부된 "연상들의 영역"을 조직해내기 위한 출발점이 된다. (제임스 조이스의 블룸 씨처럼) 집으로 돌아오는 한 남자와, 그를 기다리며 (조이스와는 다르게) 수프를 준비하는 그의 아내. 에이젠슈테인의 몽타주는 (조이스와 프로이트를 따라) 인물들의 무의식 속으로 침잠하지 않는다. 대신 수프 한 접시와 붉은 고추로 시작된 몽타주는 관객을 "악마의 섬, 드레퓌스, […] 크루프의 손아귀에 있는 『르 피가로』, 전쟁, 항구에 침몰한 선박들"로 던져놓는다. 〔그 몽타주는〕 스토브용 등유가 될 수도 있고, 아니면 아예 석유로 건너뛸 수도 있다. 에이젠슈테인은 실크 스타킹 광고로부터 겨드랑이에 누에고치를 품어야 했던 인도 여인들로 건너뛰고 싶어 했다. 여기서 사물은 기호가 아니라 사회적 관계들의 덩어리로서 나타난다.

경험을 전달하기 위한 가장 유효한 방식으로 간주되어 온 허구적 내러티브는 여기서 결정적으로 억압된다. 그 대신 사물 스스로 말하기 시작해야 하고, 텍스트 없는 기억술의 기록이 되어야 한다. 그런가 하면, 감정은 개인적인 것이 아닌 사회적인 경험으로 느껴져야 한다. 이는 인물의 노이로제적 심리와 주관주의, 가족 서사를 대체하기 위한 새로운 내러티브 전략으로서, 트레티야코프가 제안했던 '사물의 전기' 개념[12]

과 가까운 것이면서 오늘날의 '사물 이론'과도 일맥상통하는 생각이다. 후자는 어떻게 죽은 사물들이 살아 있는 것들을 결정하고 그것들의 관계를 (탈)형성하는지를 연구하는 이론으로서, 물질세계를 기호, 상징, 담론 혹은 감응으로 몰고 가는 문화의 발달과 그것을 둘러싼 온갖 〔문화적〕 이론들에 대한 반작용으로 볼 수 있다.[13]

새로운 "대상적 언어"의 정련은 에이젠슈테인을 몽타주 비유의 새로운 형식으로 이끌었다. 훗날 그는 이 비유의 논리를 뤼시앵 레비-브륄의 '전前 논리 이론'에 근거해 설명했다. '전 논리'는 시간적이고 인과적인 관계보다 공간적인 관계가 더욱 중요하고, 현상들 사이의 관계가 닮음과 대조, 인접의 원칙에 따라 구축되는 독특한 원초적 논리를 가리킨다.[14]

〈10월〉과 〈자본〉의 경험 이후에 쓴 에세이 「영화 형식에 대한 변증법적 접근」(1929)에서 에이젠슈테인은 '겹쳐 포개기nalozhenie'라는 새로운 개념을 도입했다. 몽타주를 언어학적 조합 내지는 선형적 인과성의 형식으로, 즉 시간 축을 따라 공간의 단편들을 배열하는 방식으로 이해하는 것(몽타주를 기차나 컨베이어벨트에 빗대는 끈질긴 관성이 바로 이런 이해를 지탱한다)에서 벗어나, 에이젠슈테인은 모든 장면, 시각적 공간의 전 층위가 작가와 관객의 상상과 기억 속에 '동시에' 한꺼번에 현전하는 방식에 관해 말하기 시작했다. 그는 몽타주를 유사-공간적인, 일종의 이중 양피지 형상으로 정의하려 했다.

세계가 혼돈스러워짐에 따라 예술은 이 시각적 혼돈을 조직화하고자 시도했다. 예컨대 아비 바르부르크는 '므네모시네 아틀라스'에서 일련의 재현들을 아우르는 지배소를 찾으려 했으며, 발터 루트만의 영화 〈베를린: 어느 대도시의 교향악〉(1927) 같은 소위 '조각난 세계'를 보여주는 '크로스 섹션 영화들'이 만들어졌다. 그런가 하면 아우구스트 잔더는 20세기 사람들의 얼굴 아카이브를 구축했으며, 카탈로그, 콜라주, 포토저널(현재 명칭으로는 데이터베이스) 따위는 세계의 시각적 다양성을 아카이브로 바꾸어놓았다.

에이젠슈테인은 박물관의 관람객 혹은 겨울궁전에서 백화점을 발견한 사람으로서 그곳에 입장했다. 이 물건 더미를 그는 현대적인 큐레이팅 프로젝트, 다시 말해 새로운 몽타주 이론의 단초를 세울 영화로 바꿔놓을 수 있었다. 영화 〈10월〉의 작업과 '〈자본〉 프로젝트' 이후에 그의 유명한 '구체球體의 책 프로젝트'가 시작된 것은, 그러므로 우연이 아니다. 이 프로젝트는 사유 과정을 물질화하기 위한 것으로, 일반적인 인쇄본으로는 실현될 수 없다. 책은 이차원적이라서 독자로 하여금 줄을 따라 읽도록 강제한다. 그와 달리 사유는, 몽타주가 그렇듯이, 인과적 연결이 아닌 연상적 연결을 따른다. 사유는 선형적, 통시적이기보다는 나선(형)적, 구체球體적, 공시적이다. 하지만 사유의 이와 같은 구조는 지금껏 글로 된 학문적 저작들이 아니라 예술적 실험들에서 그 반영을 찾아내왔다. 따라서 공 모양으로 생긴 이 책은 상호 배제적인 것처럼 보이는 에이젠슈테인의 기존의 모든 몽타주 모델을 상상 속에 존재하는 모종의 회전하는 공의 형태로 '한꺼번에' 제시할 수 있어야만 한다. 그 책에 실린 모든 논문은 순차적으로가 아니라 동시에 지각될 수 있는바, 그런 점에서 비선형적으로 전개되는 하이퍼텍스트 모델을 예견한다. 요컨대 그것은 개인적인 기억에 고착되어 있을 뿐 아니라 집단적인 문화적 전통 속에도 뿌리박혀 있는, 예측 불가능한 연상들의 조류에서 그 차원을 변경할 수 있도록 허용한다.

바로 이 지점부터 에이젠슈테인의 글쓰기는 일련의 연상의 사슬을 기록하는 것으로 변모된다. 즉 그것들은 말로만이 아니라 그림, 사진, 콜라주, 단편과 인용구 들의 몽타주로서 표현되어야만 했다.

당연히 이런 종류의 텍스트를 읽는 작업은 독자로 하여금 저자의 사이클을 반복할 것을 요구한다. 저자의 연상의 미로를 따라 〔독자 또한〕 인지의 다양한 모델을 현행화해야 하는 것이다.

>
에이젠슈테인의 일기(작업노트).

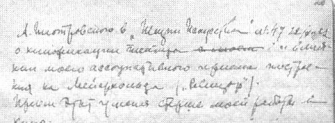

1 〔옮긴이〕 세르게이 트레티야코프(1892~1939)는 프롤레트쿨트 시절부터 에이젠슈테인의 가까운 동료이자 〈전함 포템킨〉을 비롯한 다수의 영화 각본을 함께 쓴 1920년대 러시아 아방가르드의 주역 중 한 명이다. 소비에트 생산주의와 팩토그래피 운동의 핵심 이론가로서 좌익예술전선 잡지 『레프*LEF*』의 뒤를 이어 1927년에 재창간한 잡지 『신 레프*Novyi LEF*』를 주도했다. 여기서 말하는 "사물을 둘러싼 논쟁"은 (후기)형식주의와 구축주의, 생산주의가 동시에 경합했던 1920년대 후반 소비에트 아방가르드의 가장 흥미로운 대목 중 하나로, 1929년에 발표된 트레티야코프의 「사물의 전기」는 (보리스 아르바토프의 '사회주의적 사물' 개념과 더불어) 소비에트 아방가르드 사물론을 대표하는 글로 꼽힌다. 이에 관한 전반적인 내용은 다음 글을 참고할 수 있다. 김수환, 「히토 슈타이얼의 이미지론에 나타난 러시아 아방가르드 이론의 현대적 변용: 뜨레찌야꼬프와 아르바또프의 사물론을 중심으로」, 『안과밖: 영미문학연구』, 제44호, 2018, pp. 63~95; Soo Hwan Kim, "Sergei Tretyakov Revisited: The Cases of Walter Benjamin and Hito Steyerl," *e-flux Journal*, no. 104, 2019.

2 다음 문헌들을 참조하라. Arjun Appadurai(ed.), *The Social Life of Things*, Cambridge: Cambridge University Press, 2011; Bill Brown, *A Sense of Things: The Object Matter of American Literature*, Chicago: University of Chicago Press, 2003; Bruno Latour, *Reassembling the Social: An Introduction to Actor-Network-Theory*, Oxford/New York: Oxford University Press, 2005; Bernard Stiegler, *Technics and Time*, vol. 2, Stanford: Stanford University Press, 1998; Frank Trentmann, *Empire of Things: How We Became a World*

  of Consumers from the Fifteenth Century to the Twenty-first, London: Allen Lane, 2015.

3 Devin Fore, "Operative Word in Soviet Factography," *October*, no. 118, 2006, p. 95~131.

4 에이젠슈테인 감독의 일기 일부가 다음 책으로 출판되었다. Красовский Юрий, "Как создавался фильм 〈Октябрь〉," *Из истории кино*, Вып. 6, М.: Искусство, 1965, p. 47. '뮤어와 미릴리즈'는 1892년에 스코틀랜드인 아치볼드 미릴리즈와 앤드류 뮤어가 만든 당대 가장 큰 백화점이다. 1922년 볼쇼이 극장 옆으로 자리를 옮기면서 '쭘〔백화점〕'으로 이름을 바꾸었다.

5 같은 글.

6 Виктор Шкловский, *За 60 лет. Работы о кино*, Ефим Левин(Сост.), М.: Искусство, 1985, pp. 115~16.

7 Виктор Шкловский, *Эйзенштейн*, М.: Искусство, 1973, pp. 152~55.

8 Sergei Eisenstein, *Метод/Die Methode*, том. 4, Oksana Bulgakowa(ed.), том. 2, Berlin: Potemkin Press, 2009, p. 573. 또는 Sergei Eisenstein, *The Primal Phenomenon: Art*, Oksana Bulgakowa & Dietmar Hochmuth(eds.), Berlin: Potemkin Press, 2017, p. 145.

9 Сергей Эйзенштейн, *Стенограммы режиссерских семинаров 1933~1935*, Булгакова(Сост.), Тифлис: GaGa, p. 20.

10 〔옮긴이〕 여기서 말하는 '산책자의 모델'과 그것이 소쿠로프의 영화 〈러시아 방주〉에서 사용된 방식에 관한 상세한 분석은 미하일 얌폴스키의 글「불일치의 영화: 소쿠로프 영화에서

카이로스와 역사」에 담겨 있다. 얌폴스키에 따르면, 에르미타주 박물관(겨울궁전) 내부를 "아무런 계획이나 구상 없이" 떠돌아다니는 "우연한 산책자flâneur"의 형상(영화 속 마르키즈 드 퀴스틴 후작)은 우연히 박물관의 공간에 내던져진 자로서, "문화적이고 '박물관적인' 과거의 형식들을 꿰뚫는 우연성을 통해" 의미를 창출해내는 핵심적인 원리이자 계기가 된다. 미하일 얌폴스키, 『영화와 의미의 탐구 2: 언어-신체-사건』, 김수환 외 옮김, 나남, 2017, pp. 235~96.

11 Сергей Эйзенштейн, "Об игре предметов"(1925), Наум Клейман(Публ. и комментарии), *Киноведческие записки*, no. 37/38, 1997/1998, p. 35.

12 Сергей Третьяков, "Биография вещи," Николай Чужак(Ред.), *Литература факта. Первый сборник материалов работников ЛЕФа*. М.: Федерация, 1929; репринт М.: Захаров, 2000, pp. 68~72. 〔옮긴이〕 트레티야코프는 「사물의 전기」에서 개인적인 재능 및 창조성에 바탕을 둔 전통적인 작가상과 개인의 내면 심리에 기댄 내러티브 모델을 대신해 사물의 전기를 따르는 서사의 방법론을 내세웠다. 그에 따르면, "모든 사물들의 층을 통과해가는 일개인이 아니라 사람들의 층을 관통해가는 사물이야말로 전통적 산문 기법에 비해 훨씬 더 진보적인 방법론적-문학적 기법이다." 이와 같은 새로운 서사의 모델에서 인간 개개인의 독특한 특징들은 더 이상 문제가 되지 않는다. 즉 "개인의 틱 증상이나 간질이 더 이상 감지되지 않는 대신에 해당 그룹의 사회적 신경증nevrozyi이나 직업적 질병들이 전경화"되는 것이다. 김수환, 앞의 논문 참조.

13 Bill Brown, *Thing Theory/Things*, Bill Brown(ed.), Chicago:

University of Chicago Press, 2004, pp. 1~23.

14 에이젠슈테인 도서관에는 [에이젠슈테인이 소장했던] 프랑스 사회학자 뤼시앵 레비-브륄의 책이 여러 권 있다. *Примитивное мышление* (*La mentalité primitive*, 1922), В. Никольского и В. Кисина (Пер, под редакцией проф), М.: Атеист, 1930.

영화 〈자본〉을 위한 노트
: 1927~28년의 작업노트 중에서

1927년 10월 12일

결정했다. 마르크스의 시나리오에 따라 『자본』을 영화화하기로. 이것이 유일한 형식적 해결책이다.

    N. B.〔주의〕* 부가사항—이것은 몽타주 벽보에 붙여놓을 클립들이다.

---

*   에이젠슈테인은 이 노트를 러시아어로 작성했지만, 중간에 영어, 프랑스어, 독일어 등을 사용하기도 했다. 러시아어가 아닌 언어로 썼을 경우 원어 그대로 표기하고 〔 〕 안에 우리말 뜻을 병기했다.

10월 13일

[…] 내 작업에서 변증법적 발전 노선을 이어가기 위해. (그리고 그것을 단계별로 서술하기 위해). 회고해보자.

1. 〈파업〉—세팅. 계급투쟁 및 지하투쟁의 방법론과 생산 과정에 관한 학문적이고 기술적인 영화. 시리즈적 구성, 그리고 한 장소에 고착되지 않는 특성이 있다(이 기획에는 탈주, 수감생활, 반란, 수색 등의 전체 시리즈가 포함되어 있다).

이로부터 발생하는 변증법적 result〔결과〕—지리적 폐쇄성 속에 놓인 애처롭게 일상적인 사물.[1]

2. 〈전함 포템킨〉. 앞선 세팅의 결과를 강조한다. 일상적인, 그리고 심리적으로 아주 구체화된 파토스(par excellence〔특히〕 방수포와 애도 장면). "갑자기"—사자의 추상적인 파토스. 일상적 재현으로부터 추상적이고 일반화된 형상으로 〔도약〕.[2]

3. 〈10월〉. 사자들로 마구馬具가 채워진 〔영화〕. 멘셰비키들의 말末과 자전거(N. B.: 후자는 우리 〈일반 노선〉[3]의 풀베기 시퀀스에 삽입된 자동차와 오토바이 경주에서 가져온 것이다)가 사실 및 일화로부터 완전히 벗어나도록 이끌었다. 〈10월〉의 사건들은 (이 부분에서) **사건으로서**가 아니라 일련의 테제들의 결론으로 받아들여진다. 즉 멘셰비키들이 전투

가 벌어진 상황에서 "술을 마시고" 있었다는 사실(순수한 교차편집 방식)로서가 아니라 멘셰비즘의 역사적 단견短見으로 받아들여지는 것이다. 해군 수병이 알렉산드라 표도로브나의 침실로 기어들어 갔다는 사실로서가 아니라 그를 통한 "속물성의 처단"으로 받아들여진다.[4] 야만족 사단師團을 둘러싼 일화로서가 아니라 "선동 작업의 방법론"에 관한 것으로 받아들여지고,[5] "신의 이름으로"[6]는 신성神性에 관한 논고 traktat[7]로 변한다.

영화에서의 드라마, 서사시, 발라드 이후에 〈10월〉은 영화(사)물[8]의 새로운 형식을 내놓는다. "10월"을 구성하고 있는 일련의 토픽들을 묶은 "에세이Essays" 모음이 그것이다. 모든 영화(사)물에서 결론적 구절들이 중요하다는 점에서, **담론적** 영화의 형식은 [영화의] 기법을 흥미롭게 갱신하면서 [갱신된 기법들을] obenerwähnter[위에서 말한] 측면에서 합리화하게 된다. 이미 여기에 완전히 새로운 영화적 관점들, 그리고 새로운 영화(사)물에서 온전히 드러나게 될 가능성들의 섬광과의 접촉이 존재한다. 카를 마르크스의 대본libretto에 따라 찍을 영화논고kinotraktat 〈자본〉이 바로 그것이다.[9]

1927년 11월 4일 저녁

미국에서는 묘지도 개인이 소유한다. 모든 것은 100퍼센트 경쟁이다. 의사에게 뇌물 주기 등등. 죽어가는 사람은 전단을 받는다. "오직 우리를 통해서만 당신은 나무 그늘과 시냇물의 속삭임 속에서 영원한 안식을 찾을 수 있게 될 겁니다." (영화 〈자본〉을 위한 것).

1927년 11월 23일

우리가 영화 제작의 기본 원칙으로 간주할 것은 다음과 같다. 사물을 구축하는 기법으로서 가장 작은 디테일에 이르기까지 전체를 관통하는 것, 그리고 공통된 형식의 순전히 기술적인 요소들에도 마찬가지로 적용될 수 있는 것.

〈전함 포템킨〉에서 "타-타"의 이중 타격[10] 시퀀스가 바로 그랬는데, 거기서 전체적인 감정 구조뿐만이 아니라 "잘리지 않은" 몽타주 조각들 또한 두 차례에 걸쳐 한층 강화된 형태로 반복되었다(어디선가 이에 관해 상술했다).〔감정 구조를 강화시킨〕전자의 사례로, 갑판 뒤에서 대기하는 장면과 포템킨 호가 함대와의 조우를 기다리는 장면이 있다.

탈 일화의 원칙은, 아마도 (**명백하게**) 영화 〈10월〉의 기초를 이룬다. "배음" 이론[11]은 문자 그대로 이 명제 하나로 환원시킬 수 있다. 〈10월〉의 원칙들을 기술함에 있어서, 이 원칙들이 발전해나가는 암중모색의 단계를 귀납적으로 설명하는 것이 유용하고 본질적이다. 왜냐하면 본질상 〈10월〉은 여전히 이중의 해결 모델로 남아 있기 때문이다. 탈-일화, 이것은 본질상 "내일의 조각," 그러니까 다음 영화인 〈자본〉을 위한 전제다.

요컨대, 그것은 하나의 근본적인 디테일을 ad limitum〔극단까지〕밀어붙이는 논리적 환원의 원칙이다.

N. B. 이 점을 슈제트,[12] 서술 등과 관련해 상세히 설명.

여기 영화 〈10월〉의 기술 및 "완성도"에 관한 푸도프킨의 언급이 있다. (푸도프킨의 표현을 빌리면) 몽타주의 디테일은 "비일상적이다." 예를 들면, 케렌스키 앞에서 문이 "여덟 차례" 열린다(잘리지 않은 숏들로).[13]

이 기법의 "효용"과 더불어 푸도프킨은 영화 관객을 "동원"하기 위한 기법인 이른바 "보이틀러[14]의 트릭"을 언급한다. 〈바그다드의 도둑〉은 한 달간 관객몰이를 하다가 두번째 달에는 수입이 감소했다. 세번째 달에 관객석이 텅 빈 채로 계속 상영하더니, 그다음 달부터는 여섯 달 내내 꽉꽉 들어찼다.

이와 비슷한 방식으로 그는 자신의 지각(더 정확하게는 관객의 무의식적인 지각)을 묘사한다. 정상적인 지각이 이루어지다가 일상적인 논리를 벗어난 무언가를 인지하는 과정에서 중단이 발생한다. 이 중단의 순간이 유지되다가 특정 순간에 일상적 지각이 재구축되는데, 그 효과는 특히 강력하다. Voyez![보라!] 기술적 커팅부터 사회적 해석을 거쳐 배급 전략에 이르기까지, 모든 것이 일체를 이룬다. Fabelhaft![기적적이다!]

〈자본〉에서는 반드시 인형극 장면을 찍어야 하는데, 오직 (오, 신이여 구원을!) 처음 머리에 떠오른 바로 그 스타일로(오노레 도미에의 석판 인쇄 작품처럼. 루이 필리프와 의회—〈자본주의자와 그의 장난감들〉) 찍어야 한다. 완전한 병렬 구조로 혹은 그 **상황에 부합하는 기법**을 통해서.

1928년 1월 2일

〈자본〉을 위한 것. 주식거래소는 단지 "주식거래소"로서가 아니라(〈마부제 박사〉〈상트페테르부르크의 종말〉) 수천 개의 "작은 디테일"을 통해 제시된다. 마치 장르 회화에서처럼. 이에 관해서는 졸라(『돈』)를 보라. Curé[주임사제]는 지역 전체의 핵심 "브로커"다. 주택관리인은 대출 뚜쟁이다. 소비에트러시아로 하여금 빚을 인정하도록 하는 문제에 있어서 이런 주택관리인들의 압력.

동일한 군중들이 애국주의적 주제에도 얽혀 있다. 복수라는 생각은 크루프[15]가 자신이 후원하는 신문 『르 피가로』를 통해 낸 아이디어다. 속물적인 프티부르주아적 소재에 프랑스는 대개 ausschlaggebend[결정적인 의미를 지닌다]. (크루프에 관해서는—『베체르카』에 보도된 프랑스 언론에 관한 샤를 라포포르의 강의에 의거한다.)

3월 8일

어제는 〈자본〉에 관해 많은 생각을 했다. ("신들의 시퀀스" 이후) 새롭게 발명된 영화-단어, 영화-이미지, 영화-구문의 방법론에서 출발하게 될 작품의 구조에 관하여.

작업 초안.

특정한 행위가 전개되는 사소한 연쇄 고리를 선택한다. 가령, 어떤 사람의 하루. 그로부터 일탈이 느껴질 수 있도록 마치 캔버스에 그리듯 minutieusement〔세밀하게〕 묘사한다. 오직 그 목적으로. 즉 사회적 관례, 일반화, 그리고 〈자본〉의 테제들이 연상 순서에 따라 전개되어나가는 것을 비판할 목적으로.

주어진 우연적 상황에서 시작해 그것을 개념으로 일반화한다. (가령, 보급품 줄의 빵 부족 상황에서 곡물 위기와 투기 메커니즘으로 넘어간다면, 이는 특히 완전히 원시적일 것이다. 하지만 단추에서 과잉생산으로의 이행은 훨씬 세련되고 명료하다.)

조이스의 『율리시스』에 스콜라주의 교리문답 스타일로 쓰인 눈에 띄는 장이 있다. 질문이 주어지고 그에 대한 답변이 제시된다.

석유곤로에 불을 지피는 법에 관한 질문이 주어진다.

그러나 이에 대한 답변은 형이상학의 영역에서 제시된

다. (이 챕터를 읽어볼 것. 방법론적 측면에서 유용할 것이다.) 아이비 발테로브나 리트비노바에게 감사.

1928년 3월 9일

〈자본〉에 관해 어제 쓴 것은 아주 좋다. "척추가 될" 슈제트를 위해 사소한 것들을 충분히 찾아내기만 하면 된다.

황제에 관한 몽상. 프랑스 부르주아들이 어떤 식으로 왕을 그리워하는지를 명확히 보여주는 흥미로운 에피소드가 『르 피가로』에 실려 있다. 신문은 몇 주 전 앙주 강변에 위치한 피숑 남작의 호화 저택에서 개최된 "첫번째 황제의 밤 무도회" 장면을 선명하게 묘사한다. 아우스터리츠의 대포들이 기염을 토하며 지나가는 군중의 관심을 사로잡는다. 횃불이 타오른다. 저명한 역사적 인물들을 태운 옛날식 마차가 진입로로 밀려든다. 밤 9시가 되자 나폴레옹이 수행원들과 함께 도착한다. 황실 근위병들이 그를 맞이한다. 오스트리아 사신이 알현한다. 나폴레옹이 아내와 함께 계단을 오른다. 황제 외에도 조아생 뮈라 왕자, 드 마사 백작과 백작부인, 알뷔페라 등 역사적 인물들이 참석하는 무도회가 시작된다. 신문이 씁쓸하게 언급하기를, 그날 밤의 모든 화려함은 전부 쇼일 뿐이었으니, 황제와 그의 배우자는 분장을 한 피숑의 친구와 지인들이었다(『베체르카』, 1928년 3월 8일).

1928년 3월 17일

동시대로 전치된 "역사적 유물론"에 입각해, 과거 세기의 전환점이 되는 국면에 상응하는 오늘날의 대응물을 (〈자본〉 안에서) 찾아내야 한다. 예를 들어, 방직기계의 테마와 기계를 파괴하는 방직공의 테마는 충돌시켜 보여주어야 한다. 상하이의 전차와 그로 인해 밧줄이 끊겨 철길 위에 누운 채 죽어가는 수천 명의 가마꾼들도 마찬가지다.

신성함에 관하여. "아가 칸"[16]은 대체 불가능한 소재다—샤머니즘의 냉소주의를 극단까지 밀어붙인 것. 신은 옥스퍼드 대학 졸업생이다. 럭비와 탁구를 하고 신자들의 기도를 접수한다. 뒤편에서는 희생물과 선물을 접수하는 "신성한" 회계원의 계산기가 튕겨지고 있다. 사제와 숭배라는 테마를 가장 잘 드러내는 방법.

경제적 invasion〔침공〕과 새 도시들의 건설. 한자동맹. 어쩌면 마흐노주의[17]적 에피소드를 통해 흥미롭게 표현할 수 있을지도. 버려진 구멍 같은 곳이었는데 일주일 만에 귀금속 가게가 문을 열고 거리의 먼지가 양탄자로 덮여서, 미니 파리까지는 아니더라도 최소한 미니어처 비엔나로 새로 태어난 훌리아이폴레.[18] 이민자의 범람과 약탈적 요소들(마흐노에 관한 책에서). 혹은 코르테스-피사로[19]의 군대와도 연결(해 다른 관점에서 이념을 전달할 수도).

1928년 3월 24일

파리에서 온 좋은 에피소드. 전쟁의 희생양. 다리를 절단해 휠체어를 타고 다니던 사람이 자살을 했다―물에 몸을 던졌다. 어느 신문에 실린 이야기를 막스[20]가 해주었다.

현재 "삶에서" 제일 중요한 것은 〈10월〉의 형식적 측면들로부터 **결론**을 이끌어내는 것이다.

"신들(의 시퀀스)"과 "케렌스키의 상승"이 구조적으로 사실상 동일하다는 점이 흥미롭다. 후자는 단편들의 정체성과 중간자막을 통한 의미론적인 크레센도 사이의 동일성이, 전자는 "신" "신" "신"이라는 자막을 통해 〔암시되는〕 정체성과 질료가 보여주는 의미론적 디미누엔도 사이의 동일성이 나타난다. 의미론적 계열. 이것이 기법의 최초 특징이라는 점은 명백하다. 이 사물들이 (예컨대 überhaupt〔보편적으로〕 기능할 수 있는 "다리"를 들어 올리는 장면과 달리) 의미와 주제 바깥에서 존재할 수 없다는 사실이 흥미롭다. 여기선 추상적인 형식적 실험을 **생각할 수 없다**. 몽타주가 대개 그러하듯이.

테제 바깥에서의 실험은 불가능하다(이 점을 고려할 것).

1928년 3월 31일 오전 1시

⟨자본⟩에서 학교와 교회는 필수적이다. Voyez Barbusse〔앙리 바르뷔스를 보라〕:『다양한 사실들』『선생』. 정말 대단한 책이다. 바르뷔스에 대해 내가 했던 거친 평가들을 모두 거둘 준비가 됐다. 세 시간을 내리 읽고 밤에도 읽었다. 〔이 책의〕 많은 것들이 ⟨자본⟩에 필수적이다.

『다양한 사실들』의 형식 혹은 짧은 영화에세이kino-essays 모음이 "전체" 작품의 완벽한 대체물이 될 수 있다. 〔…〕 이와 유사한 것이 ⟨파업⟩에도 있었다. 드럼통 에피소드는 순수한 미국식 코미디를 어둡고 거대한 작품에 삽입하기 위한 것이었다. 연달아 이어지는 네 편의 어둠이 〔관객을〕 지치게 만들 것이기 때문에, 마지막 부분에서 강렬한 인상을 받게끔 코믹한 détention des nerfs〔긴장 완화 장면〕을 삽입하는 식으로 몽타주했던 것을 기억한다.

〈10월〉의 케렌스키의 상승 시퀀스.

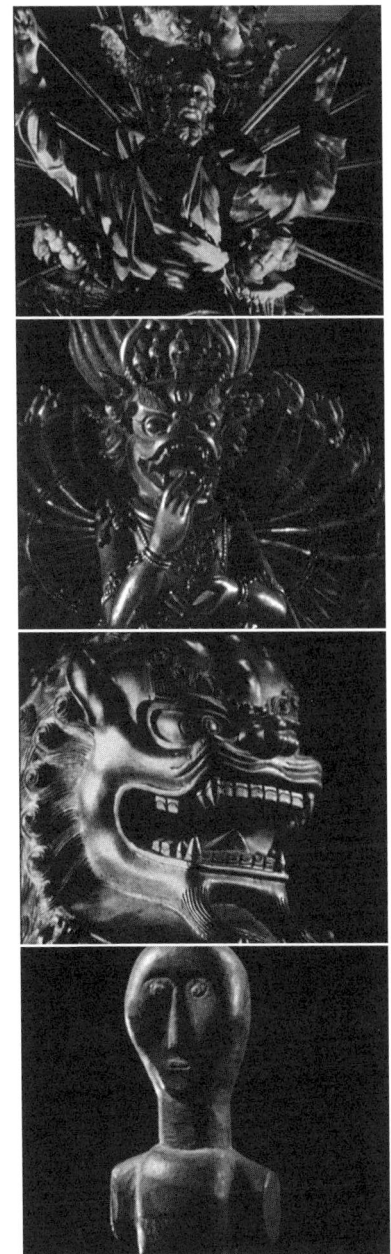

>
〈10월〉의 신들의
시퀀스.

1928년 4월 2~3일 밤

서구 어딘가. 금속 부속과 도구들을 슬쩍할 가능성이 있는 공장. 노동자들에 대한 몸수색은 없다. 대신에—출구에 **자석 감지기**가 있다. 설명은 필요치 않다. (막스가 어딘가에서 이에 대해 읽었다. 〈자본〉에 들어갈 것이다.)

1928년 4월 4일

"[…] 아이러니한 부분이 파토스적인 부분을 압도한다. 일찍이 독일 낭만주의자들은 파토스에 대한 아이러니의 우위를 알고 있었다. **파토스의 강화를 위해 그것을 환상적이고 과장된 것으로 만들어야 했다.** 하지만 생생한 역사적 소재는 이를 허용하지 않는다. 장면에서 균열이 드러난 것은 그 때문이다"(레닌그라드 저널 『영화』, 「〈10월〉에 대한 논의」, M. 블라이만의 기사).

〈자본〉과 관련해 "자극제"가 될 법한 도발적인 소재들을 도입해야 한다. 가령, 블라이만의 기사에서 발췌한 저 부분은 〈자본〉에 "파토스"를 위한 요소들을 시사한다(예컨대, 계급투쟁의 실천에서의 변증법적 방법론을 다루는 마지막 챕터를 위해).

이 "위대한 날들"에 노트의 한켠에 적어놓기를, 새로운 영화에서는 저 "영원한 테마들"("사랑과 의무" "아버지와 아들" "덕의 승리"와 같은 학술적인 테마들)의 자리를 "기본적인 방법론들basic methods"을 주제로 한 일련의 장면들이 대체하게 될 것이다. 오늘 〈자본〉의 내용(즉 그것의 목표)이 정식화되었다: **노동자들에게 변증법적으로 사고하는 법을 가르치는 것**이다.

변증법의 **방법**을 보여주기. 이는 (대략) 다섯 개의 비구상적인 챕터로 이루어질 것이다(혹은 여섯이나 일곱 개). 역사적 현상들에 대한 변증법적 분석. 과학적 문제들에 있어서의 변증법. 계급투쟁의 변증법(마지막 챕터).

"실크 스타킹의 센티미터 분석." (실크 스타킹에 대해서는 그리샤[21]가 어딘가에서 베껴놓은 것이 있다. 미니스커트를 위한 실크 제작자들의 투쟁. 나는 경쟁자를 덧붙였는데, 긴 치마를 위한 원단 장인들의 투쟁이 그것이다. 도덕. 주교 등등.)

"이야기를 벗어난" 형상을 통해 "어떻게든" 사유하는 일은 여전히 매우 어렵다. 하지만 문제없다—ça viendra!〔다가올 것이니!〕

매우 흥미로운 것은 규모다. 소재의 양과 다양성이 푸티지[22]와 맺는 완전히 새로운 관계. "푸티지의 과도함"("뭐라구요? 중국, 아메리카도요?"라는 그리샤의 우려에 대한 답변). B. 구스만의 텍스트에도 같은 말이 나온다.

"영화 언어는 다음과 같은 특징을 갖는다. **시간적 지속성에 있어 별로 대단치 않은 사실도 '효과적으로 제시'하기 위해서는 여타 예술에 비해 훨씬 많은 양의 표상 수단을 필요로 한다는 점이다. 문학에서라면 몇 마디 단어로 말할 수 있는 것이 스크린에서는 장면 시리즈, 때로는 상당한 자리를 차지하는 에피소드 시리즈 전체를 통해 겨우 전달된다.** 〈전함 포템킨〉이 〈10

월〉에 비해 훨씬 더 큰 인상을 주는 이유가 여기에 있다. 〔…〕 실제로 〈10월〉을 관람한 후에 기억에 남는 게 무엇인가? 아마도 제일 강렬한 곳이 다리가 갈라져 열리는 장면[23]임을 인정해야 할 것이다. 왜 그런가? 왜냐하면 여기서 영화 언어가 완전히 드러나기 때문이다. 그리고 이 다리 장면에 에이젠슈테인이 비정상적으로 큰 자리를 할당하고 있기 때문이다. (영화의 본질 자체가 이를 요구하고 있기 때문에 감독으로서도 다른 선택이 있을 수 없다.) 10월 혁명의 엄청나게 중요하고 본질적인 측면들의 전체 계열을 온전히 '영화화'할 수 있을 만큼의 충분한 푸티지가 그에게는 없다."[24]

사소한 사실을 효과적으로 제시하는 데 "킬로kilo 푸티지"가 필요하다는 언급은 전적으로 옳다. 우리는 그것을 사실 단위라고 부를 수 있을 것이다. 그것은 "어제의" 영화의 **기법들**에 적용할 경우 전적으로 온당하다.

언어의 관점에서!! 우리는 결국 **수단의 경제성**을 우선적으로 추구한다. **직접성**이 아니라면 어디에서 그것을 찾을 수 있겠는가.

푸티지는 **사실** 단위를 효과적으로 제시할 수 있다. 그와 마찬가지로 〔〈자본〉에서는〕 **사유 단위**를 드러내게("형상화하게") 될 것이다. 그것은 "슈제트"의 관점에서 볼 때 과거 영화에서의 사건 단위에 해당한다.

만일 〈전함 포템킨〉에서 각각의 파트에 하나 혹은 절반의 사건이 할당되었다면(즉, 장례식—집회와 깃발, "파스

하"25—계단, 휴지기—방수포—반란), 여기서는 각각의 파트에 하나의 사유를 할당하는 것으로 충분하다. 이는 앞선 경우에 하나 혹은 반개의 파트에 하나의 감정이 들어 있던 것과 마찬가지다(그런데 이것은 "장례식" "휴지기" "전투 준비" "패닉" 등에 대한 "인상을 주려는 것"이지 사건을 entre parenthèses〔괄호 안에 넣고〕 "곱씹으려는 것"이 아니다). 둘의 차이는 (이번 경우처럼) 계급적으로 응축된 개념을 자극하는 것을 지향하는 아트락치온이냐, 아니면 (앞서의 경우처럼) 계급적인 감정을 불러일으키는 것을 지향하는 아트락치온이냐에 있다.26

(비교해도 잘 드러나지 않는) 이러한 차이는 아트락치온(즉 몽타주 요소)들이 **단일한 효과를 내야 하는 영역들**에서 발견된다.

감각적인 아트락치온들은 동일한 감정을 자극한다는 원칙에 따라 구성된다("슬픈 노인"+"내려진 돛"+"초점이 나간 천막"+"모자를 만지작거리는 손가락"+"눈가의 눈물" 등등). 거기엔 나름의 "유사성"이 있다.

하나의 몽타주에 들어가는 지적 아트락치온들 사이의 "유사성"은 감각적인 종류가 아니다. 다시 말해, 외적으로 드러나는 유사성은 당연히 아니라는 것. 이 단편들은 "조건반사," 곧 그것들의 의미 측면에서 서로 닮아 있다. 예컨대, 바로크 양식의 그리스도와 나무로 만든 우상은 서로 전혀 닮지 않았지만 동일한 것을 **의미한다**. 악기 발랄라이카27와 멘셰비

키는 물리적으로가 아니라 추상적으로 서로 닮았다.[28]

중국, 피라미드, 뉴욕. 그리샤를 놀라게 한 것은 전부 **주제**가 아니라 **사유**를 형성시키는 몽타주 단편들이다. 이를테면 그것들은 하나의 단일한 사건을 담아내는 클로즈업과 미디엄 숏들에 해당한다.

(N. B. "철자" 규칙, 다시 말해 몽타주의 ABC로부터 abgesehen〔자유롭게〕—하나의 의미론적 단편=몽타주된 최소 두 개의 단편. 사실, 영화에서 단 하나의 단편은 **보이지 않는다**. 첫번째 것은 놀라움을 주기 위해 사용되고, 두번째 것은 지각을 위해 사용된다.)

우리는 말한다. 하나의 단편—"중국"—이 다리 위 말의 클로즈업[29]에 해당한다고. 당연히 이것은 대여섯 개의 단편들이 될 것이다. 하지만 기억해야 한다. 이것들은 **중국을 드러내기** 위해서가 아니라—뉴욕, 이집트 같은—다른 단편들과의 조합을 통해 하나의 〔중심적〕 사유를 드러내기 위해서 뽑아낸 것들이라는 점을.

여기서 이 단편은 비탄에 빠진 노인의 숏이 감정적으로 명백하듯이 그렇게 문자적으로 명백하다.

사물과 현상에 대한 이런 새로운 시각은 "지역"〔을 둘러싼〕 논의에서 극단적으로 선명하게 설명되었다.

그리샤: 우리는 뉴욕, 중국, 이집트에 있게 될 겁니다. 사방으로 퍼져 나가게 되겠죠. 소재들이 산처럼 쌓일 거예요.

나는 우리가 중국을 **감각적으로** 재건하지는 않을 것이라고, 말하자면 **포템킨**이나 **공장**, **정오**에서 했던 일을 되풀이하지는 않을 것이라며, 그에 반대했다.

감각적인 재건은 "푸티지"를 요구한다(구스만의 이 말은 옳다. 다만 미개하게도 "언어"의 개념을 거기에 적용하고 있을 뿐이다).

N. B. 나는 중앙레퍼토리위원회[30]에서 〈10월〉을 두고 했던 말을 기억한다. 나는 마을과 교외를 추가 촬영하기 위한 푸티지 8천 미터를 소브키노가 제공해주지 않았다고 말했다. 그들은 의심을 표명했다. 만일 5만으로도 다 "담아내지" 못했다면 8천이 더해진들 그게 가능하겠느냐고. 나는 푸티지가 **의미**를 위해 사용되지는 않는다고 대답했다. 그것은 감정적인 기폭제로 사용된다.

과거 경험으로부터 건진 유일한 원칙, 이제는 법칙이 된 그 원칙은 다음과 같다.

"단 두 마디 말에 슈제트를 담을 수 있는 장면이야말로 영화적이다."

한두 가지의 사유를 "발설하고" "하나의 방법론"을 영화화한 장면은 슬픔의 정조 "아래 있는" 전체 부분, 곧 뛰어난 영화-관례들에 상응한다. 따라서 중국, 인도 혹은 그 밖의 그 무언가가 들어가는 것은 사실 그렇게 끔찍하지 않다.

더 나아가, 이집트의 향기를 좇지 않고서도 〈자본〉은 얼마든지 세트 위에 "구축될" 수 있다는 결론에 도달한다. Schüfftan![슈프탄!][31] 유리. 모델. 그것은 **제3공장**[32]에서 촬영될 수도 있을 것이다!!!

N. B. 이것은 역설에 이를 정도로 극단적으로 밀어붙인 것이다. Wolkenkratzer aus Vogelschau〔하늘에서 내려다본 마천루〕와 더불어 **프레임 자체**, 그러니까 의미론적 하중(지적 아트락치온)과 별도로 프레임 그 자체가 갖는 엄청난 아트락치온(감각적 아트락치온)이 여기서 절대적으로 필수적이다. 우리는 제대로 감정을 불러일으킬 것이다. Quandmême〔어떤 일이 있어도〕 그래야만 한다.

논픽션적인 것은 사실 학문적인 것이 아니다. 그것은 장악하고 선동하는 것이다.

"케렌스키"—최대치의 반응을 불러일으켰다. 박수갈채와 웃음.

신들—소재의 측면에서 거의 최고로 세련된 방식으로 구축된, 가장 강력한 방식으로 감정에 영향을 끼치는 소재다. 그것의 선별은 형식적이다(즉 "철학적" 하중으로부터 abgesehen〔자유롭다〕). 또한 형식적 대비는 학문적으로 볼 때 뛰어나며 감각적이고 아트락치온적인 몽타주를 구축한다.

Revenons à nos moutons〔우리의 양들에게로 돌아가자〕.[33] 영화 언어는 푸티지에 관한 한 결코 끔찍하지 않다. 아니 오히려 그것은 **가장 간결한 표현 수단**이다. 15미터만 있으면 신이라는 관념을 무화시킬 수 있다. 훨씬 더 적은, 혹은 최소한의 노력으로도 생리학적 설득력을 획득한다.

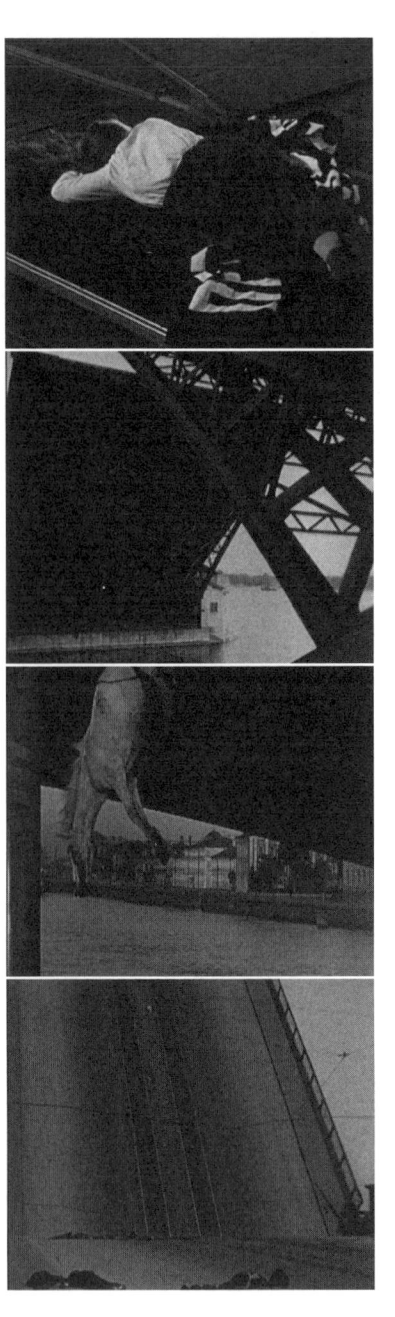

< ∧
〈10월〉의 다리 시퀀스.

1928년 4월 6일

〈자본〉 **구조**의 초안은 다음과 같다. 서로 하등 관련 없는 사건들이 평범하게 전개된다. 이를테면 "어떤 사람의 하루" 같은. 아니면 그보다 **Фаднее**〔진부한〕[34] 것도 가능하다. 이〔사건들의〕 연쇄가 연상들을 조직해내기 위한 출발점 역할을 하는데, 개념들의 유희는 이 연상들을 통해서만 가능해진다. 평범한 책략에 관한 이 생각은 진실로 구축적인 방식으로 도착했다.

연상은 자극을 전제로 한다. 자극의 연쇄를 제공해야 한다. 그것 없이는 "아무것도 연상할 수" 없다. 확장되는 개념의 최대치의 추상성은 그것이 극도의 구체성, 곧 평범한 일상의 갈래로 제시될 때 특히 두드러진다. 『율리시스』에서 제안된 아래 구절이 이와 같은 정식화에 추가적인 도움을 준다.

"〔…라고 말하는 것은〕 충분치 않다! 한 장은 어린 소녀들을 위한 책 스타일로 쓰여 있고, 다른 장은 질문과 대답만으로 구성된 교리문답 형식으로 되어 있다. 그 질문들이라는 것도 차 주전자를 끓게 만드는 방법과 관련된 것이다. 대답들은 우주론이나 철학으로 빠져든다.〔…〕"[35](이반 골, 『문학 세계』, 베를린—『율리시스』〔라인 출판사〕에 관한 설명에서 발췌). 제임스 조이스가 나의 목적에 도움이 될 것이다. 이를테면 수프 한 접시로부터 영국에 의해 수장된 영국 함선으로.[36]

더 나아간 목적은 〈자본〉을 변증법적 접근에 관한 명징한 교본으로서 구축하는 것이다.

스타일 면에서, 이런 닫힌 슈제트 흐름에서 모든 순간들은 이념적으로는 완결적이지만 물리적으로는 연관성이 없는 소재들을 향한 출발점으로 기능하며, 이는 극도로 대조적 성격을 부여한다.

마지막 챕터는 진짜 주제와는 **별개로** 그 이야기 자체의 **변증법적 해독**을 반드시 제공해야만 한다. Der größten Speisung![이것이 주연의 왕관이다!] 그를 통해서 작품 전체에 "아름다운" 스타일상의 유기적 특성이 부여된다.

물론 이것은 그와 같은 "계열[적 시리즈]" 없이도 (즉, 슈제트를 통해서가 아니라 그저 평범하게 연결된 것만으로) 충분히 생각될 수 있다. 하지만 역설적이게도 최후의 형식에서 일부러 "한 발짝 뒤로 물러서는" 것은 항상 구소를 더 도드라져 보이게 한다. 따라서 〈현인〉[37]에서 좋았던 것은 그것이 그저 **레뷔**[38]가 아니라 각색된 **오스트롭스키**였기 때문이다.

"동떨어진 요소들"의 연쇄적인 배열은 물론 전혀 다른 방식으로도 이루어질 수 있다. 마지막 챕터는 계급투쟁에 관한 것이다. 따라서 작은 이야기가 변증법적 폭로를 통해 최대한의 효과를 거둘 수 있도록 구축되어야 한다.

요컨대, historiette[짧은 이야기, 에피소드]의 요소들 그 자체는 주로 익살스런 방식으로 추상화 및 일반화(즉, 현상들의 변증법적 관계 모델을 [구축하기] 위한 발판)를 추동할 수 있다. Historiette 전체는 압도적인 마지막 챕터에서의 변증법적 폭로를 위한 재료가 된다. 그렇기 때문에 이것 역시 가능한 회색 톤으로 평범하게 〔구축되어야 한다〕.

    P. ex.〔예를 들면〕 독일의 맥락에서, 독일 노동자의 아내의 "주부다움"이 최고의 악덕이자 혁명적 봉기를 저해하는 가장 큰 장애물이었던 것과 마찬가지다. 독일 노동자의 아내는 남편을 뭔가 따끈한 먹을거리 없이, 그러니까 **완전히** 굶주린 상태로 남겨두는 법이 결코 없다. 바로 여기에 사회적 발달의 속도를 늦추는, 그녀의 부정적 역할의 뿌리가 있다. 슈제트 상에서 이것은 **"뜨거운 수프"**와 그것이 "전 세계적인 규모"에서 갖는 의미라는 형식을 취할 수 있다. 큰 위험 하나. 지나치게 "단순화"하면 niaiserie〔아둔함〕에 빠질 수도 있다. 〔그렇지만 않으면〕 "거의 성공에 이를지니…"

4월 7일 00시 45분

오늘 언제나처럼 셰에라자드, 투트나메,[39] 빌헬름 하우프 이야기식의 순환적 구성으로 또다시 빠져듦. "A" 전차를 타고 스트라스트노이 거리에서 페트로프 문(아니면 니키츠키였던가, 기억이 나지 않는다)까지 가는 동안, 그리샤에게 〈자본〉의 공학의 작업 초안에 관하여 설명했다. 에스피르 슈브[40]의 집에서 파스하와 케이크를 초콜릿과 함께 먹고 돌아오는 길에…

Voici〔바로 이런 식〕:

장면이 진행되는 내내 아내가 집으로 돌아올 남편을 위해 수프를 끓이고 있다. N. B. 연상을 위한 두 테마를 교차시킬 수도 있을 것이다. 수프를 끓이는 아내와 집으로 귀가하는 남편. 완전히 백치스럽다(최초 가정 단계이니 상관없다). 가령, 세번째 부분에서 연상이 그녀가 요리에 쓰고 있는 후추로 옮겨간다. 후추, 붉은 고추Cayenne, 악마의 섬Bagne de Cayenne, 드레퓌스, 프랑스의 쇼비니즘, 크루프의 손아귀에 있는『르 피가로』, 전쟁, 항구에 침몰한 선박들. (당연히 그 정도 규모는 아니지!!)[41] N. B. 평범하지 않은 점은 좋다—**후추에서 드레퓌스**를 거쳐『르 피가로』로 이어지는 전이. 침몰한 영국 함선(쿠시너에 따르면, 103일 동안 항해했다)은 냄비 뚜껑으로 덮는 편이 좋을 것이다. 후추가 아니라면 스토브용 등유와 그

것이 "oil[석유]"로 바뀌는 전이를 통해서도 가능할 것이다.[42]

네번째 챕터(다섯번째 챕터 등등. 하지만 **끝에서 두번째**는 희극이자 소극).

구멍이 숭숭 뚫린 여자 스타킹, 그리고 잡지 광고에 실린 실크 스타킹. 급작스러운 움직임으로 시작해서 50쌍의 다리로 증식된다—레뷔. 실크. 예술. 실크 스타킹 센티미터를 위한 투쟁. 탐미주의자들은 이에 찬성한다. 주교들과 도덕은 반대한다. Mais ces pantins[그러나 이 마리오네트들은] 실크 공장주들, 그리고 그들과 싸우고 있는 의류 제조업자들의 줄에 매달려 춤을 춘다. 예술. 신성한 예술. 도덕. 신성한 도덕.

마지막 대목에서 수프가 완성된다. 건더기 하나 없는 수프. 남편이 들어온다. "사회적으로" 적의를 품은 자. 따끈한 국물이 감정을 녹여버린다. 유혈 충돌의 예감. 무엇보다 끔찍한 것은 사회적 무관심으로, 이는 사회적 배신이나 마찬가지다. 피, 대재앙의 화염 속에 놓인 세계. 구세군. 투쟁하는 교회 등등. 남자가 자기 아내의 해골을 껴안는다. 솜씨 좋게 기워진 이불이 팽팽히 당겨진다. (진정 서정적인) "놀라움." 아내가 남편에게 싸구려 담배를 건넨다. 이 무시무시한 결말 안에서 감상주의는 한층 더 끔찍하다. 이불이 당겨진다. 침대 밑에—항아리. 손잡이가 부러진, 그래도 어쨌든 항아리가…[43]

아직까지는 투트나메를 따르는 식의 역겨운 것일 수도 있다. 하지만 이미 무언가 나쁘지 않다. **소재**는 여러 파트에서 적절하게 변주되고, 그것들 각각은 하나의 결론으로 수렴된다. 계급적〔성격의 결론으로〕.

어느 정도 규모의 소재가 적절한가의 문제. 놀라울 정도로 간결하게, 그리고 각각의 파트에 **어울리는 나름의 방식으로** 문제를 해결해야 한다. 어쩌면 심지어 한 파트는 두 인물에게 —ganz fein〔극도로 세련된 방식으로〕—"연기"하게 할 수도 있다. 또 다른 파트는 전부 뉴스릴에서 가져올 수도 있다 etc〔등등〕.

〔여기서〕제시할 소재는 그 특성상 경제학을 요구한다. "옛적의" 영화는 **하나의 사건을** 여러 관점에서 찍었다. 새로운 영화는 여러 사건들로부터 **하나의 관점을** 조합해낸다.

N. B. 실제로 어떻게 할 것인가? qui vivra verra!〔앞으로 보게 될 것이다!〕

이쨌든 "신들"도 15미터 정도로 압축되지 않았던가!

N. B. 지금까지 쓴 모든 것이 **괴물 같은 의심** 아래 놓여 있다. 그것은 여전히 매우 반동적이다! 그리고 아마도 스타일상으로 개별적인 경우에나 유용할 것이다. 훨씬 더 "좌파적인('신들'의 경우처럼)" 사례들이 필요하다.

4월 7일 오전 1시 30분

"영혼"에 관한 유물론적 해석을 담은 챕터 하나가 있어야 한다. 자극반응reflex에 관한 챕터. 전체가 한 여인과 그녀의 일련의 자극반응들을 둘러싸고 구축될 수 있다. 자동운동 같은. 에로틱한. 순전히 기계적인. 조건화된 복잡한 연쇄. 연상적 사고 메커니즘의 예시.

영혼 상태의 메커니즘 드러내기. 가령, 장례식이 불러일으킨 감정들. 수컷의 상실. 가장家長의 상실. 상속자 등등. 그리고 이 냉소주의가 거꾸로 심금을 울리는 애도 행렬에 결집된다.

자극과 조건화된 반응의 복잡한 연쇄의 **마지막 연결고리**를 정면으로 충돌시킨다. 거기엔 더 이상 어떤 상호관계도 없어 보인다. 지독히도 조악한 신체적 자극(에로틱한 자극이 특히 더 나쁘다!), 그리고 마지막 연결고리로서 극도로 고양된 (respectively〔그에 걸맞게〕 희생적인) 정신성의 어떤 행위.

N. B. 그 여자 역할로 호흘로바⁴⁴를 캐스팅하면 재미있을 것이다. 추녀가 미녀가 되는 모습을 그녀는 굉장히 잘 표현해낼 것.

그런 다음 가속도가 붙으면 자극의 메커니즘을 가동시킨다. 그렇게 연쇄적인 영화 자극을 통해 관객을 특정한 감정적 효과로 인도한 후 다음과 같은 자막을 제공하는 것이다.

    자, 이제 당신은 이러저러한 상태에 이르렀습니다… 각 챕터별로 영화화를 위한 나름의 고유한 기법 적용.

4월 7일 밤

14번(132) 프로젝터. 게오르크 그로스의 전기.

"이미 그때 에밀 졸라가 자신의 작품에서 표현했던 것과 유사한 어떤 것을 내가 그림에서 표현하고 전달해야만 한다는 불안한 느낌이 들었다. 〔…〕

나는 그런 류의 시리즈 작업에 착수하고 싶었다. 예술가들이 즐겨 쓰는 표현을 사용하자면, **자기 언어로 시도해보고 싶어졌다.**"

그리고 〈자본〉에 적합한 아래의 구절도 있다.

"모든 것이 전쟁이라는 상징에 흠뻑 젖어 있고, 모든 인공 꿀단지가 '2급 철십자훈장'으로 장식되어 있던 그때, 모든 편지의 뒷장에 '신이 영국을 벌하셨다!'라고 쓴 종이가 붙어 있던 그 행복했던 시절… 오래된 가죽 가방이 군인용 장화로 변하고, 군대 '무스 크림'이 너무 잘 부식되어 식탁보에 구멍을 내던 시절. 오직 인간의 위만이 이 모든 것을 견뎌낼 수 있었다…!"

N. B. 무스를 게걸스럽게 먹어치우는 아이들과 식탁포를 좀먹는 작은 〔무스〕 방울을 보여주면 좋을 것이다. 바로 여기에 (에름레르의 베를린 이야기에 따라) 다음과 같이 쓰여 있는 맥주잔 받침을 〔보여준다〕. "독일은 식민지 없이 살 수 없

다. 쌀, 고추 등등 모든 것을 식민지로부터 얻는다. 영국은 우리에게서 식민지를 빼앗아갔다."

4월 8일

〈자본〉은—공식적으로—제2인터내셔널에 헌정될 것이다! 모두들 분명 "만족할" 것이다. 모든 방면에 걸친 사회민주주의 진영에 대한 타격으로 이보다 더 파괴적인 공격을 생각해내기는 어려울 것이기 때문이다.

    형식적 측면은 조이스에게 헌정한다.

현상들의 개요는 역사적 계열을 따른다. 예를 들면, 소극 부분에서 현대의 episcopus〔주교〕가 보카치오나 라퐁텐-라블레식 목사로 dissolve〔전환〕된다. 결코 "순차적"으로가 아니라 durcheinander〔뒤죽박죽으로〕. 교회의 마네킹과 의상들은 어쨌든 아직까지도 여전히 완고하게 중세적이다. 그들의 모든 다른 가르침이 그렇듯이.

시리즈의 연속성은 결코 논리적인 전개 방식을 따르는 슈제트에서처럼, 즉 순차적인 구성에 의해 구현되어서는 안 된다. **연상적 전개**. 그러면 푸티지가 두렵지 않다. 때로는 les débris d'action〔사건의 파편〕이 의도적으로 슈제트식의 전개를 취한다. 다만 "실크 제조업자가 주교에게 술을 권하는" 것은 말고—Fie!!〔저런!!〕

드레퓌스의 라인을 따라. 재판은 도미에의 〈입법부의 배〉처럼 그려진다. 모든 대죄들에 대한 사법적 티파주.[45] 혹은 티파주의 방식으로 모든 것을 포괄하는 열 겹으로 된 하나의 줄이 더 나은가. 그렇게 되면, 모든 것이 실에 매달린 것들로 **판명된다**. 작전 참모본부의 손 혹은 fait sauter les pantins〔마리오네트 줄 당기기〕 같은 것. (도미에가 그린 Chambre constitutionnelle〔제헌의회〕과 루이 필리프!)

이런 식의 계획에서는 유사성—병렬적 흐름—이 일련의 연상들의 진행으로 **변모된다. 매우 중요하다.**

마리오네트로부터 쇼비니즘적인 인형들이 나오는 (여러 양질의) 어린이 인형극으로 넘어가면 좋을 것이다. 쇼비니즘이 요람에서부터 교육된다. 그다음으로는 "Gott-strafe-England〔신이시여, 영국을 벌하소서〕"의 가축 같은 군무로 넘어간다.

〈자본〉에는 영화화할 수 있는 테마가 무궁무진하다(잉여가치, 가격, 지대). 우리의 테마는 **마르크스의 방법론**이다.

이 거친 초안에서 〈자본〉의 **모든 가능성을 다 소진시킬 수는 없다**. 이것을 분명히 기억하는 게 중요하다. 그렇지만 아마도 현 단계에서 어쨌든 그것을 펼쳐 보여야 할 것이다.[46] 그리샤가 말하길, 우리의 초안은 언제나 "맹아적" 상태에서는 극도로 **대중적**이다. 그래서 우리는 그걸 pour les raffinés〔세련됨의 애

호가들]에게만 받아들여질 수 있는 것으로 바뀌나가기 시작한다. 따라서 모든 패를 다 뒤집어보지 않는 편이 합당할 것이다. 그건 나중으로 미루어야 한다.

[…] 영화 〈10월〉 단계에서 적절한 구성—푸티지의 경계 내에서 두세 개의 "감정적인" 집중점을 갖는 뉴스릴 단편("다리"와 "상승"). 〈자본〉 내부에서의 **감정적인 집중점**에 관해서도 생각해야 한다. 하지만 어쨌든 그것들을 케렌스키의 상승으로 이끌려면, 다리 장면에서 사용한 고대의 기법이 아니라 그 기법들을 시도해야 한다.

〈자본〉에서 이미지와 프레임의 구성 문제는 절대적으로 중요하다.[47] 명백하고 분명한 프레임의 이데올로기는 철저히 재고되어야만 한다. 어떻게 해야 하는지는 아직 말할 수 없다. 실험적인 작업이 요구된다. 그것을 위해 우선 "미친 듯이" 필요한 것은 〈글라스 하우스〉[48]를 만드는 일인데, 거기서는 다른 조건들은 유지된 상태에서 프레임에 관한 (일반적) 개념이 뒤집힌다. 〈10월〉의 단편들, 그리고 〈자본〉의 전체 구조에서 **사물의 구조**에 일어났던 일이 거기에서는 **프레임**을 두고 일어나는 것이다.

수프를 대신할 다른 변이형도 존재한다. 〈자본〉을 (본래 의도했던) "전 세계적 규모"와 제2인터내셔널이 아니라 소비에트 연방 내의 "교육적" 틀에 한정할 경우. 우리의 단정하지 못함(태만과 난동 등등)이 노동 계급 전체에 대한 사회적 배신 행위라는 점을 보여주기. 그렇다, 이건 매우 거칠고 덜 기념비적이다. 그렇기 때문에 사회적 배신행위의 전선 전체를 타격하는 일이 사회적으로 보다 중요한 것이다.

4월 11일

반복에 관하여

변증법적 분석, 즉 모순들 속에서의 분석이라는 측면에서 이런 식의 〔반복〕기법은 매우 좋다. 부분적으로 그것은 nach meinem Kompositionsvorschlag〔나의 구성안에 따르면〕"6월 18일의 습격"에 이미 있었다.

    6월 18일—승리를 거둔 〔모스크바〕 연대; 6월 18일—폭발하는 포탄의 공포; 6월 18일—카잔 성당에서 플레하노프가 애국적 시위를 하다; 6월 18일—무자비한 장갑차 부대가 N연대를 공격하다; 6월 18일—공장들에서 무수히 많은 항거 시위대가 나오다; 6월 18일—돌격대가 확보하다, 기타 등등. 6월 18일—철조망에 걸린 시체.

    이것은 당연히 변증법적인 시연의 모델이다. 실현되지 못해 매우 아쉽다.

    Notez〔주목할 것〕 다시 중간자막으로 통합!!! "신들"에서처럼, 그리고 (정반대 방식으로) 케렌스키에서처럼.

    같은 차원에서 아래의 것들을 해결할 수 있을 것이다.

Ein Paar seidene Strümpfe〔실크 스타킹 한 켤레〕—예술.

Ein Paar seidene Strümpfe—도덕.

Ein Paar seidene Strümpfe—상업과 경쟁.

Ein Paar seidene Strümpfe—겨드랑이 밑에 누에고치를 품어야만 했던 인도 여인들.

1928년 4월 20일

내가 〈자본〉과 지적 아트락치온에 관해 이야기하기 시작했을 때 du moment〔오늘날의〕 "순수한 아가씨들"에게 무슨 일이 일어났던가! D'un côté〔한쪽은〕 소브키노 예술위원회(콤소몰) 서기, de l'autre〔다른 한쪽은〕 나이 든 폴란드 지하활동가. 둘 모두 만류했다. 그들은—희열을 느끼는 데 완전한 재능이 있다. 그들은 내 작업의 감정주의를 지지한다. 그들은 내 작업들에서 "온기"가 보존되어야 한다고 말한다. 만든다는 것은… Très drôle〔정말 이상하다〕. "마음이 순수한" 이들은—과연 진실을 말하는가?

내 생각에 지적 아트락치온은 전혀 감정을 배제하지 않는다. 결국, 자극반응 행위는 소위 감응affection의 현전으로 인식되지 않았던가! 영향의 경로들 및 des zur Offenbarung Möglichen〔무엇을 드러낼 수 있을 것인가〕에 관한 전망—즉, 표현 가능한 영역 내의 가능성—의 문제는 특별히 새로운 이 경로들 덕분이다. 진화적 효과의 **보존**은 **필수적인바**, 실제 실행에서도 결코 배제될 수 없다. 가령, "케렌스키의 steigt〔상승〕은 그 자체 Lachsalven〔폭소의 지점〕을 갖는다!"

4월 22일

잡지 『오고뇨크』 4월 22일 17호에서 〈자본〉 및 기타 것들을 위해 다음을 가져왔다.

버려진 아이를 위한 우체통. 아테네의 한 고아원 근방 거리에 엄마들이 아기를 넣어둘 수 있는 상자가 설치되었다. 아기는 즉시 작은 바구니로 떨어진다. 상자는 두 시간마다 점검되고 내용물이 보호시설로 옮겨진다. 이처럼 완벽해진 유기는 독창성과 더불어 몇 가지 단점이 있다. 상상해보라, 만일 두 시간 동안 세 명의 아이가 버려진다면? 첫번째 아이는 건강한 상태로 남아 있기 어려울 것이다. 〔상자 그림〕[49]

"피의 아이러니"라 할 정도로 완벽히게 "압축된" 훌륭한 소재. 부르주아 문화와 박애.

"예술문화 영역에서 부르주아 예술은 전문적, 기술적으로 엄청난 성취를 거두었다. 프롤레타리아에게 특히 중요한 것은 최근 몇십 년간의 성취인데, 바로 이 기간 동안에 소부르주아 예술의 대표자들이 잃어버렸던 예술 창작에 대한 체계적이고 건설적인 방법론이 재건됨으로써 과학적 분석과 종합의 경지까지 이르렀기 때문이다. 이 시기에 시작된 과정, 그러니까 이제껏 예술가들이 인식하지 못했던 변증법적이고 유물론적인 기법들이 창작의 과정 속으로 본능적으로 스며드는 과정은 프롤레타리아의 미래 예술을 위한 날것의 원료다."

이것은 우리 〈10월〉 그룹의 선언 중 쿠렐라의 "황금 같은 발언"이다. 그룹의 서기인 미하일로프 동지의 중요하지 않은 발표에서도 자본주의적 관계의 개인주의적 특징이라 할 "세분화와 분해"가 언급된 것은 긍정적이다.[50]

이것은 예술 분석에 엄청난 기여를 했다.

오늘날 "좌파"의 비극은 아직 채 영글지 못한 분석적 과정이 종합을 요구하는 상황에 빠져버렸다는 것이다…[51]

새로운 테마들에 관하여. 사실상 〈10월〉에서는 사건들이 아니라 **전술**을 보여주는 것이 중요했다. 문화 혁명에서 가장 중요한 과제는 단지 **변증법적으로 보여줄** 뿐만 아니라 **변증법적인 방법론을** 교육하는 일이다.

영화에 관한 지금까지의 자료들만으로는 그러한 과제를 달성할 수 없다. 영화는 그를 위한 표현 수단을 갖고 있지 않은데, 왜냐하면 지금까지는 아무도 그런 과제를 요구한 적이 없었기 때문이다. 이제 비로소 과제가 정의되기 시작하고 있다.

1   이 문장은 영어 번역본에서는 누락되었다.
2   영화 〈전함 포템킨〉의 "오데사 계단 시퀀스"의 마지막 부분에 등장하는 대리석 사자 장면을 가리킨다. 군인들의 잔인한 양민 학살에 분노한 포템킨 호의 수병들이 함포 사격을 할 때 나오는 장면으로, 잠을 자고 있는 사자, 잠에서 깨어나는 사자, 몸을 일으켜 세우는 사자의 모습을 차례로 보여준다. 그 자체로는 움직이지 않는 대리석 조각상에 불과하지만, 숏의 시간을 정확하게 계산하여 편집한 결과 분노하는 사자, 이를테면 "돌조차도 궐기한다"는 은유를 창출하도록 연출했다. 에이젠슈테인은 「영화 형식에 대한 변증법적 접근」을 비롯한 여러 글에서 성공적인 몽타주의 사례로 이 장면의 예를 든다. 이 작업노트의 맥락에서 보자면 〈10월〉의 지적 몽타주 단계로 나아가기 위한 중간 단계라는 의미를 갖는다.
3   1926년에 제작한 영화 〈일반 노선〉을 말한다. 〈일반 노선〉은 10월 혁명 10주년을 기념하기 위한 영화 〈10월〉을 만들기 위해 작업을 중난했다가, 1929년 〈옛것과 새것〉으로 제목을 바꿔 개봉했다. 최종 편집에서 풀베기와 자동차 경주의 비유는 삭제되었다.
4   겨울궁전에 침투한 수병이 궁을 지키던 두 명의 여군 병사를 뒤쫓아 황후 알렉산드라 표도로브나의 침실로 들어가게 되는 장면을 가리킨다. 이 장면에서 수병의 시선을 좇아 황후의 침실을 가득 메우고 있는 온갖 사물들(이콘, 그림, 조각상에서 위생용품과 소변기까지)이 비춰지다가, 마지막에 수병이 침을 뱉고 돌아서는 모습으로 끝난다.
5   야만족 사단은 코카서스 지역의 카자크 원주민으로 구성된 기병사단을 말한다. 정부 측에서 동원한 특별 기마부대원인

그들은 볼셰비키 병사가 건넨 문서를 읽은 후에 코르닐로프 장군 병력에 맞선 싸움에 협력하게 된다. 그들의 말(카자크어)로 작성된 그 문서에는 "빵을 위해, 땅을 위해, 형제애를 위해!"라고 적혀 있다. 이후 코카서스 지역 민속춤인 레진카를 추는 유명한 장면이 이어지는데, 점점 빠르게 편집된 이 격렬한 춤 장면은 에이젠슈테인의 운율적metric 몽타주의 전형적인 사례로 꼽힌다.

6   이 노트에서 지적 몽타주의 구조적 모델로서 여러 차례 언급되는 이 장면은 영화 〈10월〉에 나오는 유명한 "신들의 시퀀스"를 가리킨다. "신과 국가의 이름으로"라는 슬로건 아래 페트로그라드로 진격하는 코르닐로프 장군의 장면을 각종 신들의 이미지와 병치해놓은 시퀀스로, 에이젠슈테인의 설명에 따르면, 그리스도상으로부터 에스키모의 우상에 이르는 각양각색의 우상의 이미지들을 몽타주함으로써 "신은 신성하다"는 관념과 우스꽝스러운 신들의 이미지 사이에서 충돌이 발생하고, 결과적으로 신성의 본질에 관해 관객들 스스로 지적인 결론을 이끌어내게 된다. 요컨대, 여기서 시도되고 있는 것은 종교성의 의미를 이성적으로 드러내는 것으로, 이미지의 연쇄가 순전히 지적인 결론을 이끌어낼 수 있도록 설계된 지적 몽타주의 전형적인 사례라고 할 수 있다.

7   영어 번역본에 "treatise"라고 번역되어 있는 이 단어는 주목을 요한다. 이 노트의 영어판 번역자 중 한 명인 아네트 미켈슨은 〈파업〉에서 〈10월〉에 이르는 에이젠슈테인의 혁신적인 영화가 "산파술적maieutic"이고 "입문서적propadeutic"인 성격을 지닌다고 강조하면서, 이를 "새로운 진리가 태어날 수 있는 조건들을 예비하는 것"과 관련된 트락타트적 글쓰기와 연결시킨 바 있다(Annette Michelson, "Reading Eisenstein

Reading Capital," *October*, vol. 2, 1976). 한편 "입문서적"이라는 개념은 발터 벤야민이 "트락타트"를 설명하면서 썼던 것이기도 하다. 그에게 트락타트는 진리를 재현하기 위한 철학의 형식을 연습하는 일, 아직은 명확히 표현할 수 없는 진리의 본체에 다가가기 위한 입문서에 해당한다. "철학이 인식을 위한 매개적 안내로서가 아니라 진리의 재현으로서 자신의 형식 법칙을 지키려고 한다면, 체계 속에서 그 형식을 선취하는 일이 아니라 그 형식을 연습하는 일에 비중을 두어야 할 것이다. 이러한 연습은 명확하게 표현할 수 없는 진리의 본체를 목도한 모든 시대마다 어떤 입문서Propädeutic(예비 교육)의 형태로 강요되어왔는데, 이 입문서를 트락타트Traktat라는 스콜라 철학의 용어로 불러도 될 것이다"(발터 벤야민, 『독일 비애극의 원천』, 최성만·김유동 옮김, 한길사, 2009, p. 37).

8 여기서 "영화(사)물"의 원어인 "kinoveshch"는 지가 베르토프의 "키노-아이" 이론에서 주로 등장하는 개념인데, 대개 영어로는 "film-thing"으로 번역되곤 한다. 영화(사)물 개념은 베르토프의 1923년 글 「논픽션 영화의 중요성에 관하여」에 처음 등장하는데, "카메라 및 시공간적 실험을 거쳐 발전해온 온갖 종류의 광학적 장치들을 수단으로 하여 심화·정련된 완벽한 보기의 최종적 결과물"을 뜻한다. 베르토프에 따르면, 영화 미디어는 대략 3단계를 거쳐 구축되는데, 현실 속에서 선택되고 포착된 "삶의 사실들life facts"이 모여 결합되면 "영화사실들film-facts"이 되고, 다시 그것들이 영화적 구조로 재조직화되면 최종적인 "영화(사)물film-thing"이 완성된다. 요컨대, 영화(사)물은 몽타주를 포함한 모든 종류의 영화적 처리 과정을 거친 후의 최종적인 결과물을 가리키는 것으로 볼 수 있다.

9   여기서 볼 수 있듯이, 에이젠슈테인은 자기 영화 작업의 변증법적 발전 노선에 의거해 영화〈10월〉을 일련의 토픽들을 묶은 일종의 "에세이Essays" 모음, 곧 "담론적discourse 영화의 형식"으로 간주하고 있다. 나아가 그는 영화〈10월〉에 이미 존재했던 이 새로운 관점과 가능성이 미래의 새 영화에서 온전히 구현될 것임을 예고하고 있는데, 그 미래의 영화가 바로 "영화논고kinotraktat〈자본〉"이다. 이렇게 볼 때 최근 몇 년 사이 가장 주목받는 연구 분야 중 하나인 '에세이 영화essay film' 관련 논의에서 에이젠슈테인의 이 노트가 에세이 영화의 미래를 최초로 예견한 선구적인 텍스트로 지목되곤 하는 것은 자연스럽다(대표적으로, *Essays on the Essay Film*, Nora M. Alter & Timothy Corrigan(eds.), New York: Columbia University Press, 2017). 문제는 이 관심이 말 그대로 '지목' 이상으로 나아가지 못한다는 데 있다. 가령 '연상'에 기초한 지적 사유(지적 몽타주)와 더불어 (변증법적) 방법론method이나 몽타주의 '정동적affective' 성격을 뚜렷하게 강조하는 에이젠슈테인의 영화논고 개념이 연출자의 사색적 주관성과 단일한 목소리(보이스오버)를 특징으로 하는 일반적인 에세이 영화와 어떻게 다른지에 관한 세밀한 논의가 이루어지지 못하고 있는 실정이다(이는 1976년에 잡지『옥토버』에 번역 게재된 이후로 이 텍스트가 아직까지 선집이나 단행본 형태로 정식 출판된 적이 없다는 점과도 무관하지 않다). 자본 노트에 개진된 에이젠슈테인의 여러 실험적 사유는 현대 에세이 영화(론)의 중대한 '기원적' 지점의 하나로서 심화 연구될 필요가 있다.

10   "타-타ta-ta"는 연속되는 음들을 지칭할 때 흔히 사용하는 표현(가령, 타-타, 타-타-타)인데, 영어권에서는 "타-라ta-ra"로

바꿔 말한다. 에이젠슈테인은 이를 특유의 반복 쇼트 기법("이중타격")을 가리키는 개인적인 용어jargon로 즐겨 사용하곤 했다.

11 에이젠슈테인의 배음overtone 개념은 기본음을 중심으로 다양한 배음들이 어우러져 통합된 분위기를 창출하는 것을 말한다(〈전함 포템킨〉에서는 오데사 항구의 안개 시퀀스가 그 사례에 해당). 운율적 몽타주와 마찬가지로 음악적 메타포를 통해 만들어진 이 개념은 생리학적 원리에 기초한 다양한 자극을 통해 신체적 지각을 수반하는 심리적 효과를 창출하는 것을 목표로 한다. 음악에서 기본음과 배음을 함께 들려줌으로써 분위기와 (소리의) 진동을 동시에 전달하는 것처럼, 배음의 몽타주는 분위기나 느낌을 불러일으키는 데 그치지 않고 그것을 생리적으로 느낄 수 있게 한다. 에이젠슈테인이 「영화적 4차원」이라는 글에서 밝힌 바에 따르면, 시각적 배음의 원칙에 따라 만들어진 첫번째 영화는 〈일반 노선〉이었는데, 여기서 몽타주는 어느 하나의 자극에 주목하는 것이 아니라 모든 종류의 자극을 통한 총체적 자극의 노선을 따랐다. 이는 하나의 숏 안에 내재하는 개별 자극들의 충돌과 조합에서 발생하는 독특한 몽타주다.

12 영어 판본에서 "theme"으로 번역한 러시아어 "슈제트shuzhet"는 흔히 "story"로 영역되는 러시아어 "파불라fabula"에 대응되는 개념으로서, 영어로는 "plot"에 가장 가깝다.

13 여기서 푸도프킨이 말하고 있는 것은 흔히 "케렌스키의 상승"으로 알려져 있는 〈10월〉의 한 장면이다. 이 시퀀스는 코믹한 효과를 창출하는 극단적인 아이러니의 시각적 수사법을 사용하고 있다. 1917년 7월 봉기 이후 케렌스키가 권력을 장악해나가는 과정을 직급이 높아짐을 가리키는 자막("독재자"

-"사령관"-"육군성장관"-"해군성장관"-"총리"-"기타 등등")과 똑같은 보폭으로 겨울궁전 계단을 올라가는 대여섯 개의 숏으로 표현하고 있다. 계단을 따라 올라가는 동일한 장면의 반복이 코믹한 효과를 발생시키면서 케렌스키의 보잘것없음이 풍자적으로 드러나게 되고, 이는 결국 그가 자막이 가리키는 직책을 감당할 능력이 없는 존재라는 지적인 결론으로 이끈다.

14 미하일 보이틀러Mikhail Boitler는 찰리 채플린의 영향을 강하게 받은 소비에트의 전직 코미디 영화배우로 훗날 미국영화 전용 상영관의 극장장이 되었다.

15 알프레트 크루프Alfred Krupp에 대해서는 미주 41을 보라.

16 이슬람 종파의 종교 지도자 이맘을 가리키는 듯하다.

17 네스토르 마흐노Nestor Makhno는 우크라이나 태생의 아나키스트 혁명가로 러시아 혁명 후 내전 시기에 우크라이나 지역 농민과 노동자로 구성된 무장단체인 흑군Black Army을 조직해 백군과 싸웠다. 볼셰비키와도 거리를 두며 일종의 아나키스트적 자치를 추구했지만, 1921년 이후 소비에트 정부에 의해 진압되었다.

18 네스토르 마흐노의 고향 도시.

19 카스티야(현 스페인)의 정복자 에르난 코르테스 데 몬로이의 스페인식 이름이다. 코르테스는 16세기 초 오늘날의 멕시코 지역의 아스텍 제국을 정복하여 그 영토를 카스티야 국왕의 식민지로 삼았다. 스페인의 아메리카 식민화의 첫 단계를 끊은 식민지 개척자 첫 세대에 해당한다. 이 부분은 몇 년 후 〈멕시코 만세!〉라는 제목의 영화로 알려지게 될, 멕시코 정복을 둘러싼 역사를 향한 에이젠슈테인의 깊은 관심을 드러내고 있다.

20 막심 스트루흐Maxim Strukh를 말한다. 에이젠슈타인의

어렸을 때부터 친구로, 프롤레트쿨트 시절에는 배우로서 함께 활동하기도 했다.

21 그리고리 알렉산드로프Grigorii Aleksandrov를 말한다. 1920년대 내내 에이젠슈테인 영화의 조감독이자 공동 시나리오 작가, 배우로서 활동했으며, 1929년 유럽, 미국, 멕시코로 이어지는 에이젠슈테인의 해외 출장에 촬영감독 에두아르드 티세와 더불어 동행했다. 1932년 소비에트로 돌아온 후 180도 변신했는데, 당시 소유즈키노Soyuzkino의 수장이었던 보리스 슈마츠키의 제안을 받아들여(에이젠슈테인은 이 제안을 거절했다), 이른바 스탈린식 코미디 뮤지컬 영화(〈흥겨운 친구들〉(1934), 〈서커스〉(1936), 〈볼가, 볼가〉(1938), 〈빛나는 길〉(1940) 등)를 잇달아 만들었다. 이렇게 스승과 제자의 길이 확실하게 갈라졌고, 1920년대의 실험적 무성영화 시대는 1930년대의 "만인을 위한 영화," 곧 승리한 계급을 위한 대중적 여흥으로 바뀌어갔다.

22 러시아어로는 "메트라지metrazhi"라고 불리는 쭈티지는 필름의 길이 또는 단위를 말한다. 신scene이나 시퀀스 등 일정한 길이의 필름을 가리키는 말로, 피트라고도 한다.

23 페테르부르크 궁전 다리의 중앙 부분이 분리되면서 위로 열리는 유명한 장면을 말한다. 에이젠슈테인은 1917년 궁전 습격이 발생하기 하루 전 실제로 열린 바 있는 이 다리 장면을 촬영하면서, 다리 중앙부에 쓰러진 여인의 머리카락이 쓸려 내려가는 모습과 분리된 다리 위에 매달린 말이 추락하는 모습을 통해 잊지 못할 강렬한 인상을 만들어냈다. 형식주의자 시클롭스키는 영화 〈10월〉에 관한 리뷰에서 특별히 이 다리 시퀀스에 주목하면서, 감독이 이 장면을 통해 실제 시간과는

구별되는 "영화적 시간성"을 창출했다고 말하기도 했다.
24 출처가 표시되어 있지 않다.
25 러시아의 전통적인 부활절 케이크.
26 에이젠슈테인의 "아트락치온attraction" 개념에 대한 가장 잘 알려진 정의는 다음과 같다. "관객의 주의와 감정에 일정한 효과를 불러일으킬 수 있는, 그리고 다른 것들과 연결되어 관객의 감정을 연출자의 목적이 가리키는 방향으로 집중시킬 수 있는 특성을 갖고 있다고 알려지고 증명된 일체의 시연될 수 있는 사실(행위, 대상, 현상, 의식적인 조합 등등)."
Sergei Eisenstein, "The Montage of Film Attraction"(1924), *Selected Works: Writings 1922~1934*, vol. 1, pp. 40~41. 이처럼 아트락치온이란 플롯과 연관된 좁은 의미의 계획으로부터 벗어나 관객을 자신의 목적에 맞게 주형moulding하려는 것으로, 에이젠슈테인이 지가 베르토프와의 논쟁에서 "우리에게 필요한 것은 영화-눈(키노-아이)이 아니라 영화-주먹이다"라고 주장했던 근거 역시 여기에 있다. 이처럼 아트락치온 개념의 본래적 의미와 의도에 의거했을 때, 아트락치온 몽타주는 관객의 감정에 작용할 것을 겨냥하는 영화적인 주먹질 또는 쇼크에 해당한다고 말할 수 있다. 에이젠슈테인이 아트락치온 개념의 대중적 원천으로 꼽은 세 가지가 '서커스'와 '뮤직홀' 그리고 (흔히 아트락치온이라고 불리는) '놀이공원'이라는 사실은 이런 점에서 납득할 만하다. 그런데 지금 본문의 구절에서 그는 "감정을 불러일으키는 것을 지향하는" 본연적 의미의 아트락치온과 나란히 "개념을 자극하는 것을 지향하는" 아트락치온을 이야기하고 있다. 이는 몽타주에 관한 에이젠슈테인의 생각이 변화하고 있음을 보여주는 증거로서,

더 정확하게 말해 몽타주의 자리가 '무대(/스크린)'에서
'뇌'로 바뀌고 있음을, 그러니까 몽타주가 '운동movement'을
전달하는 수단이 아니라 '사유의 방식way of thinking'을 전달하는
수단으로서 고찰되고 있음을 보여준다. 에이젠슈테인의 이런
변화된 생각은 (결국 미완으로 끝난) 두 권의 책에서 새로운
학문적 내러티브 형식을 만들어내려는 시도로 이끌게 되는데,
1929년에 시작된 첫번째 시도가 (뒤에 다시 언급하게 될)
"구체로 된 책"이라면, 일종의 하이퍼텍스트로서의 예술 이론을
겨냥한 두번째 시도는 그에 의해 "방법Method"(1932~48)이라는
제목을 얻게 된다.

27 기타처럼 현을 퉁겨 소리를 내는 러시아의 민속 악기.
28 영화 〈10월〉에서 에이젠슈테인은 멘셰비키들의 의회 연설
    장면을 하프 및 발랄라이카 연주 장면과 몽타주했다. 그에
    따르면, 여기서 하프는 단지 하프가 아니라 멘셰비키들의
    기회주의적인 달콤한 말을 보여주는 형상적 상징이며, 역사적인
    사건의 폭풍우를 앞두고 한가하게 퉁겨지고 있는 발랄라이카는
    멘셰비키들의 공허한 연설을 드러내는 상징이다. 이를 통해
    병행 몽타주의 프레임은 새로운 자질을 얻게 되는바, '행위'의
    영역에서 '의미'의 영역으로 확장된다.
29 앞서 말한 페테르부르크 궁전 다리 시퀀스에서, 다리에
    매달린 채 올라가는 말의 모습은 몇 차례에 걸쳐 반복적으로
    클로즈업되면서 강렬한 감정적 효과를 야기한다.
30 Glavnyi Repetuarnyi Komitet. 영화 제작 관련 실질적인 문제들을
    결정하는 국가 기관으로 앞 글자를 따서 GRK라고 불린다.
31 슈프탄 효과Schüfftan effect는 1925년에 유젠 슈프탄Eugen
    Schüfftan이 발명한 촬영 장치에서 비롯된 것으로, 인간의 형체를

거울에 반사시켜 그것을 현장의 미니어처 세트 속에 합성시키는 기법을 가리킨다. 블루스크린으로 대체되기까지 20세기 초중반 영화 현장에서 광범위하게 사용되었다.

32 제3공장은 모스크바에 위치한 작고 영세한 필름 스튜디오를 말한다. 형식주의자 빅토르 시클롭스키가 쓴 자전적 소설의 제목(『제3공장 Tretsia fabrika』)이기도 하다.

33 "본래의 주제로 되돌아가자"는 의미의 프랑스어 관용 표현.

34 원본에 이렇게 적혀 있는데, 아마도 "평범한" 혹은 "범속한"의 뜻을 지닌 프랑스어 단어 "fade"에서 온 것으로 추측된다.

35 "[…] Nicht genug! Ein anderen Kapitel ist im Stil der Bücher fur junge Mddchen geschrieben, ein anderes besteht, nach dem Vorbild der scholastischen Traktate, nur aus Frage und Antwort: Die Fragen beziehen sich auf die Art, wie Mann einen Teekessel zum Kochen bringt, und die Antworten schwifen ins grosse Kosmische und Philosophische ab […]"

36 제1차 세계대전 중 독일의 잠수함 공격으로 인해 침몰한 영국 함선을 가리키는 것으로, "영국에 의해"라고 쓴 것은 에이젠슈테인의 오기인 것으로 보인다. 이 연상 몽타주에 관해서는 미주 41을 보라.

37 에이젠슈테인이 연출했던 연극 〈현인도 때로 실수를 한다〉를 말한다. 세르게이 트레티야코프가 알렉산드르 오스트롭스키의 오리지널 희곡을 기괴주의eccentricism에 가깝게 각색한 작품으로, 에이젠슈테인 초기 아트락치온 개념의 특징을 집약하고 있다.

38 춤과 노래 등을 뒤섞어 구성한 일종의 시사풍자극으로, 19세기 초 프랑스에서 시작되어 1900년대 초까지 영국과 미국에서 많은

인기를 끌었다.
39 페르시아 책으로 "앵무새 이야기" 정도로 번역된다. 앵무새가 왕에게 쉰두 밤 동안 들려준 이야기들로 구성되어 있다.
40 에스피르 슈브Espir Shub는 에이젠슈테인 당대의 저명한 다큐멘터리 감독으로, 흔히 역사적인 촬영 자료들로 구성한 콤필레이션 영화의 창시자로 알려져 있다. 전적으로 아카이브 자료(혁명 전 시기 연대기적 단편들)만으로 만들어진 데뷔작 〈로마노프 왕조의 몰락〉으로 일약 주목을 끌면서, 이른바 소비에트 다큐멘터리 영화의 두번째 단계를 연 것으로 평가되었다. 슈브에 관해서는 미하일 얌폴스키, 『영화와 의미의 탐구 2』, 김수환 외 옮김, 나남, 2017, pp. 31~54 참조.
41 이 부분은 에이젠슈테인이 말하는 개념적 연상을 따른 지적 몽타주가 어떤 것인지를 가늠할 수 있게 하는 중요한 예시로서 세밀한 이해를 요한다. 최초의 연상은 집으로 귀가하는 남편을 위해 수프를 끓이고 있는 아내가 요리에 사용하는 후추에서 시작된다. "후추pepper"에서 출발한 연상은 붉은 고추로 만든 향신료를 뜻하는 "카옌Cayenne"으로 이어지는데 카옌은 "드레퓌스"가 유죄 판결을 받고 유배당했던 프랑스령 기아나에 위치한 유배지 섬의 이름(바뉴 드 카옌Bagne de Cayenne)을 연상시킨다. 주로 중범들을 수용했던 야자수로 덮인 이 바위섬은 "악마의 섬"이라는 별칭으로 더 유명했다(영화 〈빠삐용〉의 배경이기도 하다). 한편, "『르 피가로』"는 대부분의 언론이 드레퓌스를 범인으로 모는 편파 보도를 쏟아내던 중 최초로 이 사건이 조작되었을 가능성을 제기했던 프랑스의 일간지다. 그런데 사실 이 신문을 재정적으로 지원했던 사람은 "알프레트 크루프"라는 독일의 사업가로, 당시 그는 철과 무기를 생산하는

거대한 독점기업konzern을 운영하고 있었다. 즉 프랑스의
언론을 통해 불러일으켜진 "쇼비니즘" 열풍의 가장 직접적인
결과물은 독일과의 적대 관계, 곧 "전쟁"(제1차 세계대전)이 될
가능성이 크며, 이는 다시 본인의 무기 사업에 커다란 기회로
돌아오게 된다(쇼비니즘-『르 피가로』-전쟁으로 이어지는
라인). 한편, 제1차 세계대전 중에 독일의 잠수함과 어뢰는
영국과의 전투에서 다수의 영국 함선들을 침몰시킨 바 있는데,
이 사실에 기대어 "전쟁"에서 촉발된 연상이 다시 "항구에
침몰한 선박들"로 이어지게 된다. 이상에서 확인할 수 있듯이,
에이젠슈테인의 지적 몽타주는 흔히 생각하는 무의식적인
연상의 사슬, 가령 프로이트의 자유연상free association이나
제임스 조이스의 내적 독백 같은 것과는 거리가 멀다. "뜨거운
수프" 한 그릇에서 출발해 그것의 함의를 "전 세계적 규모"에서
드러내는 에이젠슈테인의 방식은 오히려 브레히트의 방식, 더
정확하게는 일상적 삶의 현상적 표층 '너머'에서 작동하고 있는
생산과 분배, 소비의 메커니즘을 드러내고자 했던 마르크스의
방식(『자본』)에 훨씬 더 가깝다고 보아야 한다.

42 여기서 에이젠슈테인은 베르토프가 성공적으로 실험한 바 있는
수사법인 전후도치법을 제시하고 있다. 생산 과정을 뒤에서부터
거꾸로 돌린 묘사가 그것이다.

43 침대 밑에 놓인 항아리는 밤에 잘 때 용변을 해결하는 용도로
사용하는 단지를 가리킨다. 당시 기준에서 볼 때 이는 상대적인
부유함의 징표로 볼 수 있는데, 그럼에도 "손잡이가 부러져
있다"는 언급은 풍자적인 뉘앙스를 더한다.

44 알렉산드라 호흘로바Aleksandra Khokhlova는 소비에트 무성영화
시대의 가장 유명한 여배우 중 한 명으로, 특히 레프 쿨레쇼프의

영화들에서 뛰어난 연기를 보여주었다. 몇 편의 영화를 직접 연출하기도 했고 교육자로도 일했다.

45 티파주typage는 에이젠슈테인 몽타주 이론의 중요한 연관 개념 중 하나로, 주인공의 사회적 전형type을 체현하는 배우를 캐스팅하는 것을 말한다. 에이젠슈테인은 주로 아마추어 배우를 기용했는데, 가령 〈일반 노선〉에 실명으로 등장하는 여인 마르파가 그 예다. 그런데 여기서는 이보다 훨씬 넓은 개념으로 사용되어, 영화의 내용과 연결된 사건들에 대한 특수한 접근법, 즉 자연스러운 흐름에 대한 개입 및 사건들의 조합의 방법론을 가리키고 있다.

46 여기서 보듯이, 에이젠슈테인은 〈자본〉 프로젝트의 실행을 더 이상 미룰 수 없는 긴급한 과제로 인식했다. 미래의 영화가 이 방향을 따를 것이라고 확신했던 그는 만일 지체할 경우 부르주아의 관점에 따른 영화논고가 먼저 만들어질 것이라 예상했다. 영화 〈10월〉을 끝내고 〈일반 노선〉을 마무리하던 시집인 1929닌 말에 친구인 레옹 무시낙Léon Moussinac에게 보낸 편지에서 에이젠슈테인은 이렇게 썼다. "마르크스의 〈자본〉을 영화화하겠다는 나의 선언은 그저 대중적인 이목을 끌기 위한 것이 아닙니다. 나는 미래의 영화가 바로 이 방향을 따를 것이라고 믿고 있습니다. (안 그러면 부르주아의 관점에서 그들이 〈기독교의 사상〉 같은 영화를 찍게 될 겁니다!) 어떤 경우에도 그것은 철학과 관련이 있을 겁니다. 내가 1년에서 1년 반가량 이 작업에 착수하지 못할 것이라는 점은 사실입니다. 이 영역은 절대적으로 미개척지이기 때문입니다. "Tabula rasa," *Eisenstein at Work*, Jay Leyda & Zina Voynow(eds.), Pantheon Books, 1982, p.35

47 러시아어본에는 "숏의 문제"라고만 되어 있다.
48 〈글라스 하우스〉는 에이젠슈테인의 '실현되지 못한' 실험적 프로젝트 중 하나로, 영화〈10월〉의 촬영과〈자본〉의 계획이 진행되던 1926~27년경에 구상되었다. 1926년〈전함 포템킨〉 독일 개봉차 베를린을 방문했다가 찾게 된 프리츠 랑 감독의 〈메트로폴리스〉세트장에서 영감을 얻은 것으로 알려져 있다. 〈글라스 하우스〉는 에이젠슈테인이 할리우드에 가서 계약을 할 때 제일 먼저 제안한 프로젝트이기도 하다(그는 이 계획을 찰리 채플린과도 논의한 것으로 알려져 있다). 피츠버그에 있는 유리 공장에서 영화를 위한 세트 구조물을 제작한다는 구체적인 이야기가 오갔다. 이 영화는 부르주아의 도덕 및 규범에 대한 풍자를 위해 벽과 천장, 바닥이 모두 유리로 된 집에서 촬영될 계획이었다. 여기서 투명성transparency은 두 가지 의미를 지닌다. 숨겨진 진실을 '드러내는' 장치로서의 은유적 의미가 하나라면, 단일한 프레임 내부로 복수의 행위들을 포함시키기 위한 전적으로 새로운 가능성을 허용하는 기술적인 의미가 두번째다. 프레임 내적 몽타주, 즉 행위들이 펼쳐지는 것이 아니라 동시적으로 포개지는 몽타주의 가능성을 향한 이런 고려가 바로 이 대목에서 말하는 영화〈자본〉을 위한 핵심적인 방법론과 관련된다.〈글라스 하우스〉에 관한 에이젠슈테인의 노트("Стеклянный Дом: С. М. Эйзенштейна. К истории замысла")는—이〈자본〉노트와 마찬가지로—나움 클레이만 편집으로 소비에트 영화저널『영화예술Искусство кино』(no. 3, 1979, pp. 94~114)에 최초로 출판되었다. 이후 옥사나 불가코바, 미하일 얌폴스키, 윌리엄 루트 등 여러 연구자에 의해 20세기 초중반의 다양한 문화적·정치적 맥락에서 조명된 바

있다. 대표적으로 정신분석학과 연동된 관음증/노출증 테마나 판옵티콘 논의와 연동된 감시의 테마, 르코르뷔지에, 브루노 타우트, 반데어로에에 이르는 모더니즘 건축 계보 등과 연관해 이야기되었다. 영국 출신으로 뉴욕에서 활동하는 동시대 예술가 조이 벨로프Zoe Beloff는 2015년에 에이젠슈테인이 남긴 노트와 드로잉에 기초해 만든 에세이 영화 〈글라스 하우스〉를 발표하고 관련 활동을 이어가고 있다. 한편, 〈자본〉 노트에 직접 언급되고 있지는 않지만 〈자본〉의 방법론과 관련해 에이젠슈테인에게 중요한 의미를 갖는 또 하나의 기획이 존재하는데, 〈구체球體의 책〉이 그것이다. 그는 1929년 8월 5일자 노트에 다음과 같이 적어놓았다. "나는 하나의 글에서 곧장 다른 글로 넘어갈 수 있고 그것들의 상호 연결을 드러낼 수 있는 공간적 형식을 만들고 싶다. 그와 같은 동시적인 순환의 방식과 에세이들의 상호 침투는 오직 원의 형태로만 수행될 수 있다. 하지만 유감스럽게도 책은 원의 형태로 써지지 않는다. 내가 바랄 수 있는 것은 그것늘이 상호 가역적 방법론에 따라, 그러니까 구체의 방법론을 따라 읽히는 것이다. 우리가 회전하는 공과 같은 책을 쓰는 법을 배우게 될 것을 기대하면서 말이다. 현재 우리는 비누 거품 같은 책들을 갖고 있을 뿐이다. 특히 예술에 관한 한"(С. М. Эйзенштейн, *Монтаж*, М.: Музей кино; Эйзенштейн-центр, 2000, p. 475). 알렉산더 클루게는 "상상의 채석장" 파트에서 구체의 영화 〈구체의 책〉을 만들고자 했던 에이젠슈테인의 이런 포부에 관해 언급한다.

49 잡지 『오고뇨크』에서 오려낸 종이가 붙어 있다.
50 영어 번역본에는 이 문단이 생략되어 있다.
51 여전히 '분석적 접근' 과정이 더 필요한데 이미 주변의 상황은

'종합synthesis'을 요구하고 있다는 말로, 더 이상 과감한 형식적 실험이 불가능해진 1930년대의 변화된 정치적·문화적 상황을 예감하는 발언으로 읽힌다.

>
〈글라스 하우스〉에 대한
에이젠슈테인의 드로잉.

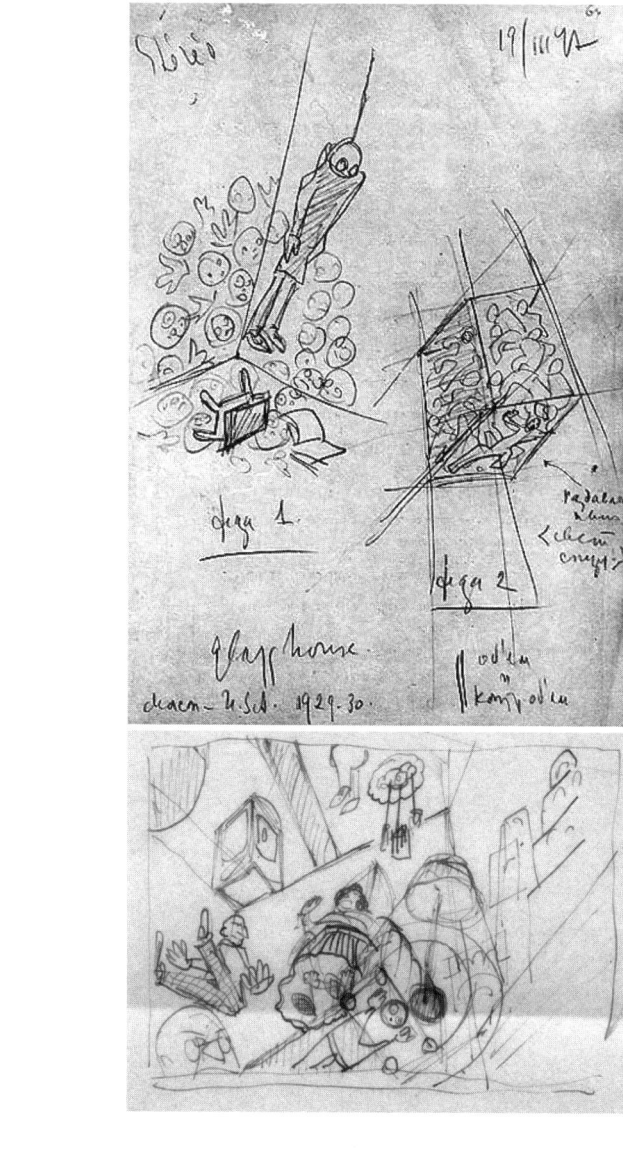

이데올로기적
고대로부터 온 소식
: 마르크스-에이젠슈테인-자본

<
한 지붕 아래 있는
에이젠슈테인과 마르크스.

>
자본과 그 이전의
긴 선사시대.

10월에 '검은 금요일Black Friday'*의 사태가 벌어졌던 위기의 해인 1929년, 세르게이 에이젠슈테인은 카를 마르크스의 『자본』을 영화로 만드는 계획에 착수한다. 특유의 화법으로 그는 이 책을 "영화화cinematize"하고 싶다고 말했다. 각본은 제임스 조이스가 쓰게 될 것이었다. 그렇다면 영화의 길이는? 적어도 여섯 시간은 되어야 했다. 에이젠슈테인은 이 작업과 관련된 기록을 남겼다. 이 프로젝트는 실현되지 못했는데, 모스크바의 당중앙위원회와 할리우드 양쪽에 이 계획을 제안했지만 어느 쪽도 이를 지원하려 들지 않았기 때문이다.

카를 마르크스는 1818년에 태어났다. 지금** 그가 살아 있다면 197살이 되었을 것이다. 그가 우리에게 물려준 도구와 개념 들을 종종 다듬고 강화할 필요가 있다. 그것들을 우리의 일상생활에서 활용하는 일은 어느덧 우리에겐 고대 세계만큼이나 멀고 낯설게 느껴진다.

알렉산더 클루게

* 미국에서는 1929년 10월 24일 목요일에 뉴욕증권거래소에서 주가가 대폭락한 사건을 '검은 목요일Black Thursday'이라고 부르지만, 이 사태가 벌어졌을 때 독일은 이미 자정이 지난 10월 25일이었기 때문에 독일인들은 '검은 금요일Schwarzer Freitag'이라 부르기도 한다.

** 클루게가 이 글을 쓰고 있는 2015년.

I.
마르크스에 대해 궁금해하는 사람들을 위한 이야기들

"정보에 기초해서만은 이해할 수 없는
경제적 과정들의 서사적 묘사를 통한 예행연습"

I-1.
오피스 타워에서

2011년 8월 초, 자본이라는 짐승의 전문 조련사 하나가 프랑크푸르트의 한 마천루 사무실에 앉아 있었다. 그는 컴퓨터 모니터에서 눈을 떼지 않았다. 바로 이날, 전문가들은 당혹감에 빠져 어쩔 줄 몰랐다. 그들은 주식시장이 무너지는 광경을 아주 생생하게 보고 있었는데, 이는 불과 4분 동안 닥스DAX 지수가 4퍼센트나 떨어졌음을 알리는 수직선으로 나타났다. 이는 수십억 달러에 값하는 것이었다. 저 높은 곳의 어둠침침한 방에 앉아 있던 이 전문가는 지금 무슨 일이 벌어지고 있는 것인지 알 도리가 없었다. 하기야 언제는 사자를 조련하는 이에게 이론이란 것이 있기나 했던가? 그는 자신이 다루는 짐승에 대해서는 잘 알고 있다. 하지만 대서양 양쪽에서 어마어마한 파괴 작업을 벌이고 있는 이 야수의 행위에 대해서는 전문가들은 아는 바가 없었다. 이것은 새로운 종이었던가? 혹은 그저 다른 모습으로 가장한 1929년의 위기였던가? 이런 일만 아니었다면 시장을 좌지우지했을, 회의실에 앉아 있는 저 허세 가득한 사내는 이제 보다 현실적인 일을 하고 싶을 것이다. 호두를 까거나, 사과를 깎거나, 유리컵에 물을 따르거나 하는 일 말이다. 그는 모니터를 바라보며 기다리고 있기보다는 무언가 구체적인 것에 몰두하고 싶었다.

I-2.
전거가 불충분한 논문

안트베르펜의 일곱 난쟁이들에 관한 이블린 스미스의 박사학위 논문은 한 뉴욕 학자의 원고를 거의 고스란히 표절한 것임이 밝혀졌는데, 벨기에 이민자의 자식이었던 그 뉴욕 학자는 대서양을 가로질러 넘어온 접근 가능한 모든 관련 자료들을 이용하여 근대의 여명기에 안트베르펜에 있었던 **양모거래소** wool exchange에 관한 논고를 썼고, 그의 사후에 뉴욕공립도서관으로 향하게 된 꾸러미에 그 자료들을 모아 두었다.

(금융자본이 싹튼) 안트베르펜의 전설적인 양모거래소는 그 도시의 창고들에 모인 양모를 거래하는 곳이 아니라, 곧 깎을 채비가 된 중부 잉글랜드의 양들의 몸에 난 털, 그리고 아직 태어나지도 않았거나 프랑스에서 영국으로 향하는 중인 양들의 몸에 난 털을 거래하는 곳이었다. 이블린 스미스는 다음과 같은 점을 강조한다. 물량 부족이라고 하는 부정적 요인은 피렌체 온세공업자들의 제품처럼 완제품보다도 훨씬 강력한 공백과 매력과 유인誘引을 창출한다. 그 시기에 영국 농부들의 오두막은 불태워졌다. 사람들이 살던 자리에서 이제는 양들이 풀을 뜯게 될 것이다. 이는 안트베르펜 양모거래소의 '유령적 원격작용spooky action at a distance'의 일부분이었다.

이블린 스미스가 뉴욕에서 찾은 오래된 자료들을 출처를 밝히지 않고 무단으로 도용했음이 밝혀졌을 때, 그녀의 자상한 박사논문 지도교수는 이 발견에 학술적 미덕이 있음을 강조함으로써 그녀를 구하고자 애썼다. 그는 주장하기를, 그 뉴욕 학자의 작업을 재발견한 스미스는 이러한 미덕에 따른 행동을 한 것이고, 해당 주제의 특별한 시사성을 고려해볼 때 제대로 그 일을 해낸 것이라고 했다. 그의 주장은 박사학위 심사위원들을 납득시키지 못했다. 그녀의 논문은 통과되지 못했다.

I-3.
돈에 바친 인생

프랑크푸르트의 한 노동자는 평생 동안 딱 한 회사에서 일했다. 그런데 이 회사가 파산하고 말았다. 직원들은 해고되었다. 그 노동자는 의사를 찾아갔다. 그는 심각한 복통을 앓고 있었는데 이는 회사가 문을 닫은 이후에 생긴 것이 아니라 그가 한동안 달고 살던 병이었다. 의사는 약을 처방해주었다. 저는 제 인생을 바쳤는데 받는 거라곤 이런 약뿐이네요, 라고 그 노동자는 말했다. 저는 이거 못 받겠어요. 낙심하지 말아요, 라고 의사는 위로의 말을 건넸다. 화를 낼 힘도 없네요, 노동자는 대답한다. 돈에 바친 인생, 결코 공정한 거래가 될 수 없는 것.

I-4.
손끝, 움켜쥐기

우리 인간의 선조들이 새끼 하마와 마찬가지로 엄마에게 꼭 붙어 지냈음을 받아들인다면, 인간 아기들은 둥지 밖으로 나온 새끼라고 할 수 없다. 따라서 포유류의 경우 둥지 밖으로 나온 새끼라는 개념은 엄마 따라기mother follower란 개념으로 대체되어야 한다는 하르트무트 슈나이더의 제안은 정당하다 할 수 있는데, 유아는 태어나면서부터 엄마를 따라 살아야 할 필요가 있기 때문이다. 이러한 집착이 발달에 있어서 매우 근원적인 중요성을 띠는 것인 반면, 인간의 손의 발달(과 뇌의 발달에 있어 손이 지니는 중요성)은 노동의 역사의 산물로서 이차적으로만 이루어지는 것인데, 이는 보호처를 구하고 엄마를 따르는, 달리 말하자면 달라붙는다고 하는 기본적이고 초보적인 기능이 있은 다음에라야 가능한 것이다. 이는 노동과 사회의 발명을 이끄는 근원적 기초이자, 경작, 산업 및 의식을 형성하는 뿌리이다. 저 부드러운 움켜쥠으로 거슬러 올라가는, 보호의 원초적 추구에 대한 이해 없이는 어떠한 노동의 형식도, 작업 능력의 어떠한 특성도 온전히 설명할 수 없다.

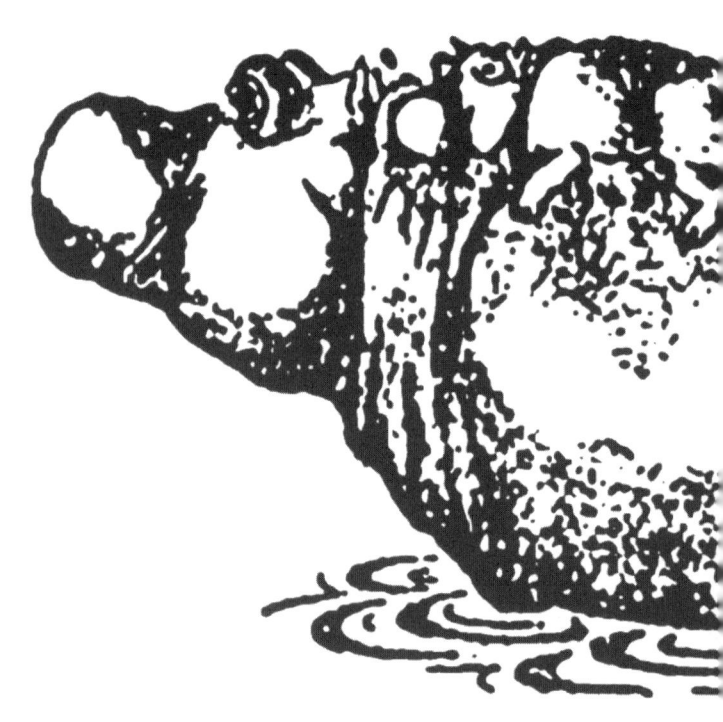

I-5.
산파술:
조산사의 기술

◂
등에 새끼를 업은 하마
P. C. Mitchell, *The Childhood of Animals*, New York, 1912, p. 172.

산모의 자궁 내에 있는 태아가 엉덩이가 아래로 향하는 이른바 둔위臀位 상태로 거꾸로 자리하고 있을 때가 있다. 출산 때 태아의 목이 졸리지 않게 하려면 조산사가 제때 태아의 위치를 바로잡아야 한다. 그러기 위해 조산사는 '폭력Gewalt'을 가해야' 한다. 그렇다고 해서 힘으로 태아를 잡[아 돌리]는 방식을 고려하는 법은 없을 것이다. 대신 그녀는 '대상'의 연약한 사지와 기민함에 상응하는 악력을, 즉 출산 도중에 정교하게 아이를 붙잡는 방식을 사용한다. 아기의 팔이 흉부 위에 교차되어 놓이게끔 하기 위해 조산사는 절대로 폭력적인 손놀림으로 아기의 팔을 움직여서는 안 된다. 아기가 제대로 산도産道를 빠져나오도록 하려면 그녀는 아기가 스스로 움직일 수 있게끔 하는 방식으로 붙들어야 한다. 조산사가 가하는 이러한 폭력은 해머나 낫이나 괭이나 톱을 쓰는 폭력과는 구분되는 것이나.

I-6.
경험의 와해

한 프랑스인이 극소수의 사람에게만 조문이 허락되었던 어떤 장례식에 참석했는데, 거기서는 향년 101세인 망자*와 더불어 하나의 경험적 세계 전체가, 적어도 개인적 증언과 관련된 것들인 한에서는, 이제 영원히 땅에 묻히게 될 것이었다. 표현의 능력을 행사할 수 있는 이는 더 이상 존재하지 않으며, 대략 100년이 지난 지금 1916년의 저 산업화된 전쟁**의 현실에 대해 이야기해줄 수 있는 이는 더 이상 없다. 이 '경험의 실험실'로 인해 독일과 프랑스 양측 모두 커다란 대가를 치렀다. 그러한 경험들은 책에는 도저히 담을 수 없는 것이라고 그 프랑스인은 말했다.

이미 1940년에 에른스트 윙거는 [과거의 전쟁에 대한] 앎에 있어서 고립된 존재였다. 개선행진 대열에 있던 젊은이들은 [그와는 달리] 제1차 세계대전에 관해서는 아무것도 몰랐다. 하지만 1944년에 몇몇 전선들에서는 제1차 세계대전이라는 맹수가 다시 손을 뻗쳐 전격전이 참호전으로 바뀌어갔다. 다른 이들과 마찬가지로, 그 프랑스인은 한 줌의 모래와 꽃을 무덤 속에 던져 넣고, 세대를 가로질러 전수되는 경험 같은 것이 있다는 환상 또한 그것들과 함께 던져버린다. 1914년부터 1918년에 이르는 시기의 흔적은 다과가 준비된 곳으

---

*　아래에서 언급되고 있는 독일 작가 에른스트 윙거(1895~1998)를 가리킨다. 향년 101세라고 기술한 것은 착오로 보인다.

**　제1차 세계대전 시기 독일과 프랑스 사이에서 벌어졌던 베르됭 전투(1916년 2월 21일~12월 18일)를 가리킨다.

로 향하는 젊은 조문객들의 마음보다는 유로파이터 전투기나 미사일방어체계 같은 현대의 군사장비 속에 더 많이 남아 있는 것이다.

I-7.
협력의 외양

외계의 관찰자에게는 1917년 6월 7일 벨기에의 파스샹달에서 벌어진 사건—전선의 양측에서 전투 태세를 갖추고 무장한 20만 명 이상의 군인이 동원된—이 협력의 사례처럼 비칠 수도 있을 것이다. 독일 쪽에서는 엄청난 양의 탄약과 대포가 제1차 세계대전 시기 독일제국이 수행한 최후의 공격을 위해 집중적으로 동원되었다. 철로 인근의 모든 영국 측 전선에는 금속으로 싸인 다이너마이트가 퍼부어질 예정이었다. 이러한 **절멸 작업**을 위한 준비는 완벽했다. 지하의 양토층壤土層은 영국군 진지로부터 독일군 최전선에 이르는 지역을 가로지르고 있었다. 7월 7일, 독일군 포병대 바로 발밑에서 20여 개의 폭탄이 터졌다. 이로 인해 생긴 구멍은 폭이 60미터, 깊이는 12미터에 달했다. 1만 5천 명 이상의 병사가 사망했다.

양토는 빗물을 흡수한다. 따라서 땅굴을 파기가 무척 용이하고, 또한 포탄 구멍이나 아무리 울퉁불퉁한 곳이라도 금방 평평하게 다져진다. 폭탄이 터졌던 장소에서 오늘날의 관광객은 일명 '평화의 연못'이라 불리는 꼴사나운 작은 호수를 보게 된다. 하이너 뮐러는 베르됭에서 공연할 작품에 매달려 있던 당시 이렇게 만들어진 수역水域을 방문한 적이 있다.* 그

* 1995년에 하이너 뮐러는 그의 마지막 희곡 『게르마니아 3: 죽은 남자 곁의 유령들*Germania 3: Gespenster am Toten Mann*』 초연과 관련해 제1차 세계대전 당시 최대의 격전지였던 베르됭을 방문했다. 그는 베르됭에 조성된 기념물들을 보고 나서 의미라는 것이 있을 수 없는 전쟁에 의미를 부여하고자 하는 "나쁜 양심의 징후"로서의 키치에 불과하다고 일갈한다. 이에 분노한 베르됭

는 제1차 세계대전 중 프랑스 북부에서 벌어진 전투들에 관해 사회학자 디르크 베커와 토론을 벌였다. 생애 말년에 뮐러는 모든 경제 분야의 일에 관한 정보원 역할을 자임했다. 그에 따르면 영국 측의 모든 동향은 그에 대한 반작용의 성격을 띤 독일 측의 동향(과 그 여파)에 상응한다. 사건의 뿌리는 150여 년, 혹은 그 이상으로까지 거슬러 올라간다. 이런 점에서, 어떤 형태의 국민성이 계발되는 데는 상당한 시간이 필요하다 할 수 있다. 여기에 더해 4년 동안 벌어진 전쟁은 그 지휘자들이 애초에 가정했던 것과는 매우 다른 방향으로 전개되었다. **양측 모두의 절멸 작업**은 그러한 지휘 체계의 저변에서 처음 싹튼 것이다. 그것은 어디까지나 인간이 만들어낸 산물, 즉 인공물artefact인 것이다. 빌레펠트 학파의 객관적 사회학에 익숙한 베커가 지적한 대로, 대규모 예술 설치작업을 이루는 모든 요소들이 이 집단적 절멸 작업의 순간에 포함되어 있었음에도 불구하고, 뮐러와 베커는 이를 '예술art'이라 부르려 하지 않았다. 비교를 멈추게 하는 지점이란 것이 있다고 뮐러는 말했고, 이 말과 함께 토론은 끝났다.

> 시장은 베르됭 전투 80주년이 되는 1996년에 뮐러의 희곡을
> 공연하고 그를 초청하려던 계획을 취소한다. 뮐러는 1995년 12월
> 30일에 세상을 떠났다. '죽은 남자'는 베르됭 인근에 있는 산의
> 별칭이다.

I-8.
자동차 공장에서 몬테베르디의 전령처럼

루이지 노노는 한 자동차 공장의 지사에서 일하는 "노동자들을 위한 소리 설치물"을 작곡했다. 그는 노동자들이 부르는 행진가에서 발췌한 곡조들뿐 아니라 "노동의 세계에서 나온 소리들" 또한 사용했다. 처음에는 청중들, 즉 이 설치물의 제작 과정에 실제로 참여한 이들이 열정적으로 그를 따랐다. 그들은 야박하게 굴지 않고 기꺼이 자신들의 휴식 시간을 음악 작업에 할애했다. 나중에 이들 가운데 몇몇은 피아노 레슨을 받는 편이 더 나았겠다고 말하기도 했다. 〔하지만〕 다른 이들은 브라스 밴드를 만들기에 충분한 정도가 되었다. 그들은 "작업 현장의 혁명적 변형"에도 관심을 기울이게 되었다고도 했다. 노동자들에게는 작업 현장의 개선과 (손과 발에 입는 부상 같은) 사고를 예방하기 위한 조치들이 무엇보다 중요한 문제였겠지만, 이런 것은 음악을 통해서는 할 수 없는 일이었다. 몇 차례나 거듭해서 작업 현장에 침투하려는 시도를 반복했던 노노의 지칠 줄 모르는 노력의 바탕에는 그가 발터 벤야민의 작업에서 끌어낸 어떤 앎이 있었는데, 이에 따르면 세계에는, 따라서 〔그 세계의 일부인〕 북부 이탈리아에는 **희미한 메시아적 힘이** 분명 있다는 것이었다. 그 힘은 이를 적극적으로 발휘하려 애쓰는 이가 없어도 작용하며 아무것도 그것을 막을 수 없다. 그 힘을 모으는 것은 예언자에게 고유한 행운이다. 루이지 노노에 따르면, 음악은 이처럼 희미하게 점점이 흩어진 힘을 모을 수 있게 하는 그물이다.

I-9.
투자자들이
떠나버린
산업 폐허

중국 관료들의 승인하에, 미국의 22개 연기금 그룹은 (중국 경기 호황 초창기에) 상하이 북서쪽의 특별경제구역에 공업단지를 조성해 한동안 이를 운영했다. 그러고 나서 이들은 인도에 자본을 다시 투자했다. 중국에 있던 제조 시설은 폐허가 되었다. 외국인 투자자들을 지나치게 신뢰해 이들을 끌어들인 책임으로 혹독한 처벌을 받은 (결국 감옥에서 자살한) 공무원의 아들은 이제 대만 국민대회*의 한 위원회의 위원장이다. 그는 그러한 일이 결코 다시 벌어지지 않도록 하겠다고 마음먹는다.

---

*   국민대회National Assembly는 1947년 이래 중화민국 헌법에 명기된 5원(입법원, 행정원, 사법원, 감찰원, 고시원)의 상위에 있는 최고 기구였으나 2005년의 헌법 수정안에 따라 권한을 입법원 등에 대부분 이양하고 명목상으로만 존재하게 되었다. 글의 맥락을 고려할 때 본문에서 가리키는 것은 실제로는 중화인민공화국의 전국인민대표대회National People's Congress인 것 같다.

I-10.
금융계를 위한 성인교육 과정

중국 심계서〔감사원과 유사한 기관〕의 부심계장을 지낸 나의 조부는 상하이 대학에서 마르크스를 가르쳤다. 그는 문화혁명의 희생자가 되었다. 그 이후 (지금은 함께 경제 부처에서 근무하고 있는) 아버지와 나는 자본주의 경제에 관한 시카고학파의 가르침을 받아들였고, 이와 더불어 1990년 이후에 우리는 실제적인 경험을 습득했다. 그 사이, 서양에서 시카고학파의 교설은 (적어도 동양의 우리가 보기에는) 와해되어가고 있었다.

중국 정부의 지원을 받아, 최근에 우리는 당혹감에 빠진 미국의 금융업자들을 위한 성인교육 과정을 맨해튼에 개설했다. 우리는 〔교육적인〕 대외원조를 제공할 준비가 되어 있었다. 이런 자리를 마련한 것은 중국의 이익을 위해서이기도 했는데, 이유인즉 우리가 뉴욕에서 목도한 바와 같은 금융 위기에 대해 비과학적으로 접근하는 일은 미국을 사상 맹신하는 우리 중국 인민들이 운용하는 자산에도 위협을 가할 것이기 때문이다. 우리는 자유시장경제에 (공들여 습득해 이제야 완벽하게 다듬은) 우리의 생산 경험을 도입했다. 그동안 우리는 오랜 기간에 걸쳐 상당히 진전된 우리의 보고서를 토대로 남수단, 나이지리아, 그리고 카이로 대학에서 연수 과정을 제공하기도 했다. 하지만 미국에서는 누구도 우리의 말에 귀를 기울이지 않았다. 아무도 우리가 개설한 강좌에 등록하려 들지 않았다. 책임을 져야 할 사람들에게는 정작 그들에게 도움이 될 무언가를 배울 시간이 없다.

I-11.
한밤의 대화

문화연구자 요제프 포글은 저서 『자본의 유령 *The Spectre of Capital*』으로 경제 전문가들의 주목을 받았다. 언론인 클라우디우스 자이들과 그는 한 기자회견 행사를 마친 후에 『프랑크푸르터 알게마이네 차이퉁』의 편집국 사무실에 밤늦게까지 앉아 있었다. 그들은 함께 밤을 지새웠다. 금융 위기가 닥친 상태였고 이들이 나눈 대화는 이튿날 가감 없이 지면에 게재될 예정이었기 때문에, 둘 다 심신이 온통 피로한 상태였음에도 불구하고 곧장 잠자리에 들 생각을 할 수가 없었다.

  자이들은 서른 개의 나라에서 제조된 부품들로 삼성 컴퓨터를 조립하는 일을 과연 생산이라 할 수 있느냐고 물었다. 그건 생산이 아니라 디자인이죠, 라고 포글은 대답했다. 일하는 노동자들이라고는 보이지가 않거든요. 조립은 로봇에 의해 이루어지죠, 라고 그는 덧붙였다. [그러자 자이들은 물었다.] 암에 걸린 애플의 우두머리, 그러니까 스티브 잡스는 손가락질을 활용하는 터치스크린 모델로 커다란 성공을 거두었는데, 그 손가락질로 우리가 뭘 만들죠? 그것 또한 디자인 아닌가요? 그렇지 않습니다, 포글은 대답했다. (그는 항상 심히 놀라운 답변을 함으로써 한밤의 대화에 요구되는 규칙을 준수했다.) 생산물은 (진화의 산물인) 손끝 자체이고 '손쉬움 handiness'인 거죠, 라고 그는 덧붙였다. 그런 기기가 세상에 필요해지게 된 것은 일상생활에서 손에 쥘 만한 위안거리가 없거나 뭔가 만질 만한 게 있다고 해도 너무 드물기 때문이죠. 결핍되어 있는 것은 생산자 자신인 거죠.

I-12.
은밀한 결합력

일제 폰 샤케는 그녀의 러시아인 애인과 오랫동안 함께 살았다. 베를린에 거주하면서 러시아의 아카뎀고로도크에 있는 과학센터를 위해 일하던 그는 **세계적 규모로 일어나는 혁명적 변화의 가능성**에 대한 연구논문을 썼다. 그의 작업에 지침이 되어준 부수적 물음은 다음과 같은 것이었다. 인간이 지닌 힘들 가운데 결합으로 향하는 경향이 있는 것은 무엇이며, 이러한 힘들의 결합을 방해하는 것은 무엇인가? 이 친구는 한 젊은 여성에게 마음을 빼앗기게 되면서 이 프로젝트를 그만두었다. (그녀는 노르트라인 베스트팔렌에서 사업을 운영하는 자산가의 딸이었다.) 몇 년이 지나도록 일제는 자신을 배신한 이 남자를 마음에서 완전히 지울 수 없었다. 한편으로 그녀는 자신의 가계를 특징짓는 악의와 고집을 발휘해 그의 프로젝트를 계속해나갔다. 원고는 대략 2천 페이지에 달했다. 그녀가 접촉한 동독의 출판사는 이 원고의 출판에 아무런 관심도 보이지 않았다.

그녀는 다음과 같은 결론에 다다랐다. 사람들(**나의 가족, 나의 자손, 나의 특성**) 안에는 은밀하게 영향력을 행사하는 강한 힘들이 있어. 이런 힘들은 포괄적인 결합은 전혀 용납하지 않아. 이런 힘들은 혁명에 걸맞지 않아. 이처럼 강한 힘들과는 대조되는 약하디 약한 힘들(나 자신과 내가 사랑하는 것들 중에서 기꺼이 내보일 수 있는 것, 즉 물리학, 논리, 그리고 모든 것에 대한 관심)이 있어. 이런 힘들은 빠르게 서로 결합하고 오랜 기간에 걸쳐 변화를 가져와. 현대성의 진화 또한 이처럼 약한 힘들과 관련된다고 일제는 믿었다. 진화 과정에 있어서, 약한 힘들은 오로지 약한 변화들을 낳을 뿐이다. (발터 벤야민의 표현을 빌리자면) 약한 메시아적 힘—즉, 역사의 근원으로 거슬러 올라가는 관계—만이 희망의 원천이다. 일제 폰 샤케는 2018년까지 이 작업을 마무리하길 바라고 있다. 비텐베르크에서 종교개혁이 일어난 지 500주년이 되는 해에 말이다.

I-13.
'독립 경작'으로의 회귀

에리카 퀴네케는 마르크스의 『자본』〔제1권〕의 33장을 집중적으로 연구했다. 그녀는 볼티모어에서 논문 작업에 임했다. "근대적 식민이론"이라는 제목이 붙은 이 장에서, 마르크스는 지배자들(귀족들, 자본가들)을 피해 유럽을 떠나 1842년에서 1848년 사이에 미국에 도착한 이민자들에 대해 썼다. 아메리카에 도착하고 나면 그들 대부분은 아주 잠시 동안만 동부 해안의 도시들에 머물렀고, 따라서 새로운 지배자들이 그들을 옭아맬 겨를이 없었다.

"내가 어떤 기차에 탔는지 / 부디 말하지 마오 / 그럼 내가 어디로 갔는지 / 그들이 모르지 않겠소?"

그들은 세인트루이스로 향했고, 그러고 나선 더 서쪽으로 향했다. 그들은 거기서 자신들의 땅을 발견했다. 그리하여 그들은 수천 년 전의 조상들이 그러했듯 다시금 독립적인 생산자가 되었다. 마르크스가 쓴 짧은 장을 독해하면서, 에리카 퀴네케는 미국인 특유의 자의식은 바로 여기서 비롯된 것이라고 주장했다. 1929년의 대공황으로 인해 부수적 피해를 입기 전까지 그들은 아무에게도 구속당하지 않았다고 말이다. 존 스타인벡은 『분노의 포도』에서 이들의 불행한 상황을 그려냈다. 이와 더불어 자본주의가 (그것에 뒤따르는 모든 것들과 함께) 이들에게 도달했다. 그 이후, 미국의 일부는 신앙에서 구원을 찾게 되었다고 퀴네케는 썼다.

II.
이데올로기적 고대로부터 온 소식

여러 이유로 인해, 〔이제는〕 별다른 제약 없이 에이젠슈테인의 프로젝트를 면밀히 살펴보는 것이 가능하다. 역사적으로 그것은 우리에게서 잊혀졌다. 하지만 어느 정도까지는 역사적 잔해의 더미들 속에서 다음과 같은 것들을 발굴해낼 수 있다.

1. 1927년에 처음 구상되어 1929년에 정점에 달했던 한 편의 영화에 대한 계획
2. (파편들, 발췌문들, 그리고 계획들로 둘러싸인) 마르크스의 책

게다가 다음과 같은 두 개의 역사적 출발점이 이제는 과거의 것이 되었다. 일단 유럽에서 혁명의 가능성은 사라져버린 것처럼 보인다. 그와 더불어, 인간적 의식을 통해 의식적으로 구성될 수 있는 역사적 과정에 대한 믿음 또한 사라져버린 것 같다. 이러한 가능성과 믿음이 사라져버림에 따라, 『자본』의 2판이 출간된 (나의 조모가 태어난 해인) 1872년과 (한스 마그누스 엔첸스베르거와 위르겐 하버마스가 태어난 해인) "끔찍한 1929년"을 특징짓는 불안과 긴급함이 소멸되어버렸다. 우리는 흡사 정원을 거니는 듯한 기분으로 마르크스와 에이젠슈테인의 기이한 프로젝트에 담긴 희한한 관념들과 씨름해볼 수 있는데, 왜냐하면 그것들이 이제는 이데올로기적 고대로부터 온 소식이 되었기 때문이다. 인간이 만들어낸 최상

급의 텍스트들을 통해 별다른 제약 없이 〔역사적〕 고대라는 시기에 접근해볼 수 있는 것처럼 〔우리는 마르크스와 에이젠슈테인이 남긴 텍스트들을 통해 이데올로기적 고대에 접근해볼 수 있다〕.

우리는 무언가 새로운 것을 표명할 필요도 없고, 혹은 결정적인 결론을 내릴 필요도 없다. 우리는 마르크스와 에이젠슈테인의 성취에 별다른 변경을 꾀하지 않아도 되고 그들을 모방하고픈 압력에 시달리지도 않는다. 우리는 이 작업을 작별인사로 간주할 수도 있고 새로운 시작으로 간주할 수도 있다.

(리하르트 바그너가 태어나고 5년이 지난 해인) 1818년에 마르크스가 태어났을 때, 영국에서는 노예 거래뿐 아니라 아동 노동이 여전히 행해지고 있었다. 20세기를 초토화해버린 제1차 세계대전이 끝난 1918년 11월은 마르크스가 탄생한 지 백 년하고 육 개월이 되는 때였다. 그의 탄생 125주년이 되는 1943년에는 노예 거래와 아동 노동이 폐지되었지만, 이는 추방과 아우슈비츠로 대체되었을 뿐이었다. 마르크스가 우리에게 제공한 분석의 도구는 결코 낡아빠진 것이 아니다.

나는 또한 세르게이 에이젠슈테인의 출발점에 커다란 흥미를 느꼈다. 대담하면서도 완강한 이 감독은 그저 『자본』을 "영화화"하길 바랐던 것이 아니라, 영화라는 예술을 전적으로 파괴하고 그것을 새롭게 구축하고자 했다. 그는 '시각적 별자리짜임visual constellations'을, (자신의 영화들을 통해 이미

성취한 것을 넘어서는) 몽타주의 지속적인 발전을, 텍스트들과 관념들을 포괄할 것을, 시리즈적 구성을 사용하고 중간조 intermediate tones와 배음overtones을 끌어들일 것을 제안했다. 간단히 말해, 에이젠슈테인의 모더니티는 단지 『자본』을 영화로 옮기는 일만이 아니라 우리 시대의 모든 주제들에 대해 유용하다.

>
마르크스의 분석 도구들은 결코
낡아빠진 것이 아니다. 홋카이도 G8
정상회담의 카를 마르크스(2008).

II-1.
필름 컬렉션

〈전함 포템킨〉과 〈10월〉의 감독인 세르게이 에이젠슈테인이 1927년에 품었던 계획, 즉 『자본』을 영화화해 늦어도 1929년까지 완성하려던 시도는 실현되지 못한 채로 남았다. 2007년 프랑크푸르트 북페어 기간 중, 출판사 주어캄프의 발행인인 울라 운젤트-베르케비츠는 그녀의 저택에서 열린 가든파티에서 에이젠슈테인의 프로젝트를 기념하고자 새로이 만들어진 '주어캄프 필름에디션' 시리즈의 계획을 발표했다. 그녀는 마르크스와 깊이 연관된 저자들을 충분하고도 남을 만큼 확보하고 있었다. 예를 들면 다음과 같다. 테오도어 W. 아도르노, 발터 벤야민, 베르톨트 브레히트, 페터 바이스, 디트마르 다트, 페터 슬로터다이크, 한스 마그누스 엔첸스베르거, 위르겐 하버마스, 두어스 그륀바인 등등. 이들 모두는 저 고대의 저자와 멀거나 가까운 관계를 맺고 있다.

\>
고대로부터 2015년까지의 대장정.
마르크스, 엥겔스, 레닌, 오비디우스.

II-2.
왜
'이데올로기적 고대'
인가?

유럽의 해안선 주변에는 버려진 물건들을 줍는 이들이 있었다. 그들은 선원들이 방향을 가늠하기 위해 사용하는 불의 위치를 바꿔 둠으로써 배가 좌초되게끔 했고, 그렇게 해서 배의 화물을 취득할 수 있었다. 바다에서 방향을 가늠하기에는 별에 의존하는 편이 더 낫다. 별의 위치를 바꿀 수는 없으니 말이다. 고대에는 (헤라클레스 같은) 영웅들을 별이 빛나는 하늘에 자리매김하는 일이 흔했다.

> "바다에서 방향을 가늠하기에는 별에 의존하는 편이 더 낫다. 별의 위치를 바꿀 수는 없으니 말이다."

오늘날의 영화나 과학 분야에 그 범위에 있어 에이젠슈테인의 프로젝트나 카를 마르크스의 작업에 필적할 만한 기획이 과연 있는지 모르겠다. 그러니 차라리 잘 된 일이다. 마르크스의 작업(과 그가 글을 쓰면서 직면했던 사례들)을 통해 영화를 만들려 했던 에이젠슈테인과, 계획대로 되었더라면 그 영화가 만들어졌을 1929년이라는 해가 우리에겐 아득히 먼 옛날이 되어 고대에 속하게 된 것이 말이다. 앞으로 나아가지 못한 덕분에 우리 시대의 수렁에 빠져들지 않고 오히려 인간성의 단단한 바탕으로, 아리스토텔레스로, 오비디우스로, 그리고 〔고대의〕 다른 이들에게로 되돌아갔으니 말이다.

기다림이 길수록 유토피아는 더 나아진다.

임마누엘 칸트가 말한 (그리고 엄청나게 조바심을 내며 마르크스가 매달렸던) **계몽의 과정**은 상궤를 벗어나 기묘하게 진동하는 형태를 띤다. 지난 300년 동안 '계몽의 상태'로 나아가고자 하는 여러 시도들이 있어왔다. 하지만 칸트가 그의 논문 「질문에 대한 답변: 계몽이란 무엇인가?」에서 정식화한 "원하는 만큼, 원하는 것은 무엇이든 따져보라, 하지만 복종하라"는 진술은 여전히 유효한 것처럼 보인다.

18세기에 이러한 진술은 프로이센 왕의 요구에 부합하는 것이었다. 오늘날에는 실제적인 고려가 왕의 칙령을 대신한다. 이 또한 "따져보라, 하지만 복종하라"고 말한다. '이데올로기적 고대'의 시대와는 달리, 오늘날에는 포이어바흐에 관한 열한번째 테제("지금까지 철학자들은 여러 방식으로 세계를 해석해왔을 뿐이다. 중요한 것은 세계를 변혁하는 것이다.")를 되풀이하는 것만으로는 충분치 않다. 이와 더불어, 다루기 까다로운 새로운 상황이 함께 주어져 있다. 그저 하나의 단일한 현실이 아니라 다수의 현실들이 있으며 대부분은 서로 충돌한다. 이는 구속 조건과 출구를 동시에 암시한다. 이러한 현실들 가운데 어떤 것도 (온라인 게임 「세컨드 라이프」의 〔가상〕현실조차도) 지구상에 거주하는 실제 사람들의 의지에 따라 바꿀 수는 없다. 이처럼 넘쳐나는 현실들은 나름의 오만함을 띠고 제각각 지휘권을 갖고 있는 듯 보인다. 이러한 상황에서, 따져볼 수 있느냐 없느냐의 여부는 분명 사소한 문제가 아니다. 계몽은 어쩌면 애초부터 출발대에 발이 묶여 옴짝달싹 못 하고 있는 것이겠지만, 그렇다고 해서 계몽을 배제해버리거나 억누를 수는 없다. **자유의 정원**이라 할 만한 것이 존재한다. 마르크스가 씨를 뿌린 개념적 식물들은 진화의 아름다운 사례들이다.

∧
고대의 현자.
세르게이 에이젠슈테인 그림
(연도 미상).

＞
도둑 놀이를 하는
에이젠슈테인
(왼쪽 후드를 입은 소년, 리가, 1910).

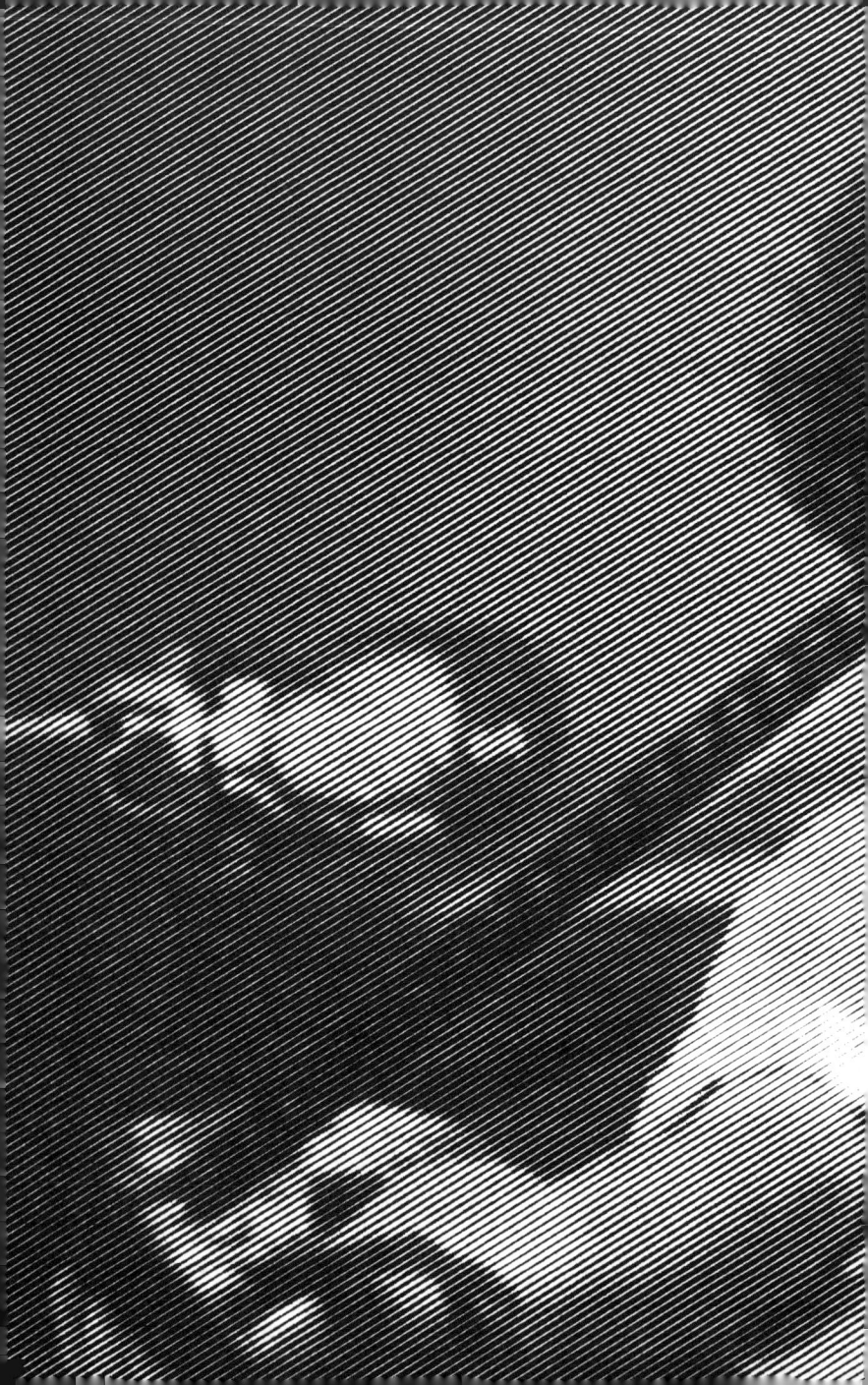

II-3.
전함의 위력을 지닌 계획

◂
⟨10월⟩을 편집하고 있는
에이젠슈테인(1928).

그는 지친 채로 앉아 있었다. 때는 1927년 10월 12일이다. 그 전날, 그는 〈10월〉의 촬영을 마친 참이었다. 그 앞에는 6만 미터의 촬영분 필름이, 즉 29시간 분량에 달하는 네거티브 필름이 놓여 있다. 이제 그는 이것을 정리하고 편집해야 한다. 영화를 촬영하는 데 드는 수고는 그것을 편집하는 작업의 혹독함에 비할 바가 못된다. 말하자면 세르게이 에이젠슈테인은 **엄청난 양의 작업**을 마주하고 있는 중이다. 바로 이날 저녁, 그는 "마르크스의 시나리오에 따라" 『자본』의 영화화를 결심한다. 시나리오란 마르크스의 책을 뜻한다. 이후 2년 동안 에이젠슈테인은 그 누구도 재정 지원을 하려 들지 않는 이 계획에 매달린다. 소비에트 중앙위원회, 파리의 고몽영화사, 할리우드의 거물들 등 어느 쪽도 말이다. 1929년 11월 30일, 그는 파리에서 제임스 조이스의 맞은편에 앉아 있다. 거의 눈이 보이지 않게 된 조이스는 에이젠슈테인에게 자신의 목소리로 『율리시스』를 낭독한 것을 축음기로 들려준다. 그는 더 이상 그것을 읽을 수 없다. 에이젠슈테인은 (『자본』에 대응하는 텍스트인) 조이스의 책을 영화화하거나 『율리시스』의 문학적 방법론을 활용하여 『자본』을 각색하기로 결심한다.

모스크바영화박물관의 관장인 나움 클레이만은 이 계획과 관련된 노트들을 발견했는데 이 노트들은 에이젠슈테인이 쓴 거의 2만 5천 페이지에 달하는 자료들 사이에 묻혀 있었다. 에이젠슈테인의 전기작가인 옥사나 불가코바는 이 노트들이 에이젠슈테인이 같은 시기에 추진한 다른 프로젝트들과 어떻게 관련되어 있는지를 밝혀냈다. 프리츠 랑의 〈메트로폴리스〉는 에이젠슈테인이 〔미완의 기획으로 남은 SF 영화〕 〈글라스 하우스〉를 떠올리는 데 영감을 주었다. 미국의 한 공장이 〔이 영화의 무대가 되는〕 '유리로 된 마천루' 세트를 제작하기로 되어 있었다. 모든 방향으로 열려 있고, 위아래로 모두 투명하며, 벽이 없이 색다른 풍경을 보여주는 세계를 말이다. 별안간 에이젠슈테인은 〈자본〉의 경우 한 차례의 상영으로는 충분하지 않을 것임을, 리하르트 바그너〔의 〈니벨룽의 반지〉〕처럼 4일에 걸쳐 상영되어야 할 것임을 깨달았다. 에이젠슈테인은 원대한 프로젝트를 개시한 인물이자 모더니즘의 카틸리나*였다.

영화 〈자본〉이 끝내 실현되지 못한 것은 그리 놀랍지 않다. 이 영화의 뼈대가 되는 내러티브는 하루 동안 두 인물의 생활을 한낮부터 밤까지 따라가는 것이었는데, 이는 『율리시스』에서 일련의 연상과 암시를 통해 트로이 전쟁 이후 인류의 역사가 환기되는 가운데 (밤이 되어서야 아내를 만나는) 레오폴드 블룸의 하루가 묘사되는 것과 유사하다. 이러한 방식으로 에이젠슈테인은 『자본』의 부분들을 통해 총체적 몽타주를 구성하기를 바랐는데, "방황하는 두 인물의 이야기"가 거기에 짜여 넣어질 것이었다. 혹은 그러한 이야기 속에 총체적 몽타주가 자리하게 될 것이었다.

* 루키우스 세르기우스 카틸리나Lucius Sergius Catilina(기원전 108~62년)는 로마의 정치가로 로마 공화정을 전복하려 시도했다.

"단 두 마디 말에 슈제트를 담을 수 있는 장면이야말로 영화적이다."*

이 프로젝트는 스튜디오에서 촬영되어야 하는 것일까? 혹은 자본의 효과는 실제 세계에서 추적하고 기록해야 하는 것일까? 어쩌면 지가 베르토프와 그의 형제인 촬영감독 미하일 카우프만이 이 프로젝트에 더 걸맞은 인물들이었을 수도 있다. 그들이라면 1929년에 현실에서 벌어진 실제 사건들을 향해 자신들의 카메라를 돌렸을 것이다. 참으로 이상하게도, 에이젠슈테인은 이들에 대해 거의 아무런 언급도 하지 않는다.

---

*   〔원주〕Sergei Eisenstein, "Notes on an Adaptation of Marx's Capital," in Eisenstein, Oktober. Mit Notaten zur Verfilmung von Marx' "Kapital"(=Schriften Ⅲ), Hans-Joachim Schlegen(ed), Munich: Hanser, 1975(pp. 289~315), p. 300. 여기서 클루게가 활용한 것은 다음의 영역본이다. Sergei Eisenstein, "Notes for a Film of *Capital*," Maciej Sliwowski, Jay Leyda & Annette Michelson(trans.), in *October*, vol. 2(Summer 1976), pp. 3~26.

II-4.
상상의 채석장:
'새로운 영화'를 향한
에이젠슈테인의 목표

나는 『자본』을 영화화하려 한 에이젠슈테인의 원대한 계획을 **상상의 채석장** 같은 것이라고 보고 있다. 당신은 거기에서 파편들을 찾을 수 있지만, 또한 찾을 게 아무것도 없다는 것을 발견할 수도 있다. "만들어지지 않은 영화가 만들어진 영화들을 비판한다."

에이젠슈테인과 같은 위대한 거장의 계획을 적절한 방식으로 다루는 일은 고대의 유적지를 발굴하는 작업과 유사하다. 〔이런 발굴 작업을 통해〕 우리는 파편들과 보물들 그 자체보다 우리 자신에 대해 더 많은 것을 알게 된다. 마르크스의 경우에도 사정은 얼마간 유사하다 할 수 있는데, 그가 남긴 최고의 텍스트들은 역사적 잔해의 무더기 속에 파묻혀 있음이 분명해졌다. 이 잔해를 파헤치다 보면 당신이 주로 발견하게 되는 것은 도구들이다. 이론의 공학자인 마르크스가 만든 분석적 장비들과 기계들은 매우 희귀한 도구들이다. 하지만 미래의 영화와 관련해 세르게이 에이젠슈테인이 자신의 노트에서 제시한 것들은 훨씬 더 놀라운 것이다.

── 그는 선형적인 내러티브를 완전히 버릴 것을 제안한다. 그는 (우주에서 자유롭게 움직이는 항성이나 행성과 같은, 그 중력장으로부터 "구형의 드라마투르기"가 생성되는) 구체球體의 영화를 구성할 필요가 있다고 주장한다. 그리고 구형의 책들도! 실제로 이는 『바빌로니아 탈무드』에 필적하는 어마어마한 논고가 될 것이다.

── 나아가, 에이젠슈테인은 음악에서의 배음에 상응하는 효과를 모방함으로써 영화적 몽타주를 대체해야 한다고 주장한다. 관객의 머릿속에서 우연적인 일치를 이루는 사건들과 동시성들을 산출하는 이미지들, 다시 말하자면 관객이 자신의 자유의지에 따라 생산하는 다수의 관념들에 상응하는 이미지들에 영화적 수단으로 응답해야 하는 것이다. 에이젠슈테인은 (압도적인 설득력을 지닌 영화에 맞서서) 관객의 자율성에 기반을 둔 영화를 만들고자 했는데, 그 방식은 이를테면 12음 기법을 통해 현대적 음렬주의 음악이 실현한 것과 비교해볼 수 있다. 민중은 단순하지 않고 복잡하다고, 에이젠슈테인은 말한다.

── 6만 미터에 달하는 값비싼 필름 더미에서 가용한 것을 골라 2만 미터 정도의 길이로 편집해야 하는 압력에 시달리면서, 에이젠슈테인은 날것 그대로의 필름을 상영하는 것은 왜 안 되는지 자문했다. 영화의 역사를 돌이켜보면, 그러한 상영이 시도될 때면 결국 언제나 대성공을 거두어왔던 것이 사실이니까. 하지만 그런 상영은 얼마나 드문가! 1927년 베를린의 모습을 비추는 거울이라 할 발터 루트만의 〈베를린: 어느 대도시의 교향악〉을, 운율적으로 구성된 최종 편집본이 아니라 편집되지 않은 온전히 날것 그대로의 상태로 볼 수 있다면 얼마나 흥미로운 일이겠는가! 영화는 지각의 온실hot house of perception인 것처럼 잘못 이해되고 있다고 에이젠슈테인은 주장한다. 대신 우리는 [지각의 온실이 아닌] 경험의

광대한 경작지로 돌아가야 한다.

오늘날 우리는 [그 어느 때보다도 공고해진] 현실적 조건들의 확산을 경험하고 있다. 객관적 현실이 우리를 앞질러버렸지만, 우리는 우리의 의식을 교묘히 빠져나가는 일군의 주관성 또한 경계해야 한다. 2015년 현재, 마르크스가 남겨준 방법과 유산으로 이러한 현실에 맞서는 일은 위험하다. 그러면 좌절하게 된다. 이러한 상황에 대처하기 위해서는 약간의 어리석음이 필요하다. 통찰력과 감정이 새롭게 결합될 수 있도록 하는 약간의 당혹감을 견지하기 위해서는 틸 오일렌슈피겔*처럼 마르크스를 (그리고 에이젠슈테인조차도) 심술 맞게 대할 필요도 있는 것이다.

---

*   기존의 상식과 질서를 유쾌하게 뒤틀고 풍자했던 떠돌이.

II-5.
에이젠슈테인의 노트에서 발췌한 문장들

1927년 10월 12일

결정했다. 마르크스의 시나리오에 따라 『자본』을 영화화하기로. 이것이 유일한 형식적 해결책이다.

1927년 10월 13일

[…] 이미 여기에 완전히 새로운 영화적 관점들, 그리고 새로운 영화(사)물에서 온전히 드러나게 될 가능성들의 섬광과의 접촉이 존재한다. 카를 마르크스의 대본libretto에 따라 찍을 영화논고Kinotraktat 〈자본〉이 바로 그것이다.

1927년 11월 4일 밤

미국에서는 묘지도 개인이 소유한다. 모든 것은 100퍼센트 경쟁이다. 의사에게 뇌물 주기 등등. 죽어가는 사람은 전단을 받는다. "오직 우리를 통해서만 당신은 나무 그늘과 시냇물의 속삭임 속에서 영원한 안식을 찾을 수 있게 될 겁니다." (영화 〈자본〉을 위한 것).

1927년 11월 23일

[…] 탈-일화의 원칙은, 아마도 (명백하게) 영화 〈10월〉의 기초를 이룬다. "배음" 이론은 문자 그대로 이 명제 하나로 환원시킬 수 있다. 〈10월〉의 원칙들을 기술함에 있어서, 이 원칙들이 발전해나가는 암중모색의 단계를 귀납적으로 설명하는 것이 유용하고 본질적이다. 왜냐하면 본질상 〈10월〉은 여

전히 이중의 해결 모델로 남아 있기 때문이다. 탈-일화, 이것은 본질상 "내일의 조각," 그러니까 다음 영화인 〈자본〉을 위한 전제다.

1928년 1월 2일
〈자본〉을 위한 것. 주식거래소는 단지 "주식거래소"로서가 아니라(〈마부제 박사〉〈상트페테르부르크의 종말〉) 수천 개의 "작은 디테일"을 통해 제시된다. 마치 장르 회화에서처럼. 이에 관해서는 졸라(『돈』)를 보라. Curé〔교구목사〕는 지역 전체의 핵심 "브로커"다. 주택관리인은 대출 뚜쟁이다. 소비에트러시아로 하여금 빚을 인정하도록 하는 문제에 있어서 이런 주택관리인들의 압력. 〔…〕

1928년 4월 4일
〔…〕 〈자본〉과 관련해 "자극제"가 될 법한 도발적인 소재들을 도입해야 한다. 가령, 블라이만의 기사에서 발췌한 저 부분은 〈자본〉에 "파토스"를 위한 요소들을 시사한다(예컨대, 계급투쟁의 실천에서의 변증법적 방법론을 다루는 마지막 챕터를 위해). 〔…〕

B. 구스만의 텍스트에도 같은 말이 나온다.
"영화 언어는 다음과 같은 특징을 갖는다. <u>시간적 지속성에 있어</u> 별로 대단치 않은 사실도 '효과적으로 제시'하기 위해서는 여타 예술에 비해 훨씬 많은 양의 표상 수단을 필요로 한다는 점이다. 문학에서라면 몇 마디 단어로 말할 수 있는 것이 스크린에서는 장면 시리즈, 때로는 상당한 자리를 차지하는 에피소드 시리즈 전체를 통해 겨우 전달된다. […]"
[…] 더 나아가, 이집트의 향기를 좇지 않고서도 〈자본〉은 얼마든지 세트 위에 "구축될" 수 있다는 결론에 도달한다. […]

4월 7일 00시 45분
오늘 언제나처럼 셰에라자드, 투트나메, 빌헬름 하우프 이야기식의 순환적 구성으로 또다시 빠져듦. "A" 전차를 타고 스트라스트노이 거리에서 페트로프 문(아니면 니키츠키였던가, 기억이 나지 않는다)까지 가는 동안, 그리샤에게 〈자본〉의 공학의 작업 초안에 관하여 설명했다. 에스피르 슈브의 집에서 파스하와 케이크를 초콜릿과 함께 먹고 돌아오는 길에… […]

　　장면이 진행되는 내내 아내가 집으로 돌아올 남편을 위해 수프를 끓이고 있다. N. B. 연상을 위한 두 테마를 교차시킬 수도 있을 것이다. 수프를 끓이는 아내와 집으로 귀가하는 남편. 완전히 백치스럽다(최초 가정 단계이니 상관없다). 가령, 세번째 부분에서 연상이 그녀가 요리에 쓰고 있는 후추로 옮겨간다. 후추, 붉은 고추Cayenne, 악마의 섬Bagne de Cayenne, 드레퓌스, 프랑스의 쇼비니즘, […] 전쟁. 항구에 침몰한 선박들. […] 침몰한 영국 함선이 […] 냄비 뚜껑으로 […]

II-6.
영화의 급진적 갱신이란 무엇을 뜻하는가?

에이젠슈테인의 초기 영화들은 고전적 선동의 원칙에 충실하다. 유형학적 특성을 띤 텍스트와 이미지는 "감정적 소용돌이"를 만들어낸다. 이들을 몽타주라는 수단을 통해 편집함으로써 [객관적] 관찰보다는 개념적이고 극적으로 강화된 느낌을 제공한다. 〈자본〉 프로젝트와 더불어, 그는 전통적 멜로드라마(즉, 에이젠슈테인 자신과는 관련이 없는 종류의 영화)와 연관되어 있는 이러한 방법(과 더불어 모든 다른 방법들)을 버리고자 했던 것이다! 선형적 내러티브를 거부하라!

> "'옛적의' 영화는 <u>하나의 사건</u>을 여러 관점에서 찍었다. 새로운 영화는 여러 사건들로부터 <u>하나의 관점</u>을 조합해낸다."*

---

*   Sergei Eisenstein, 앞의 글.

III.
"베일에 싸인 마르크스"

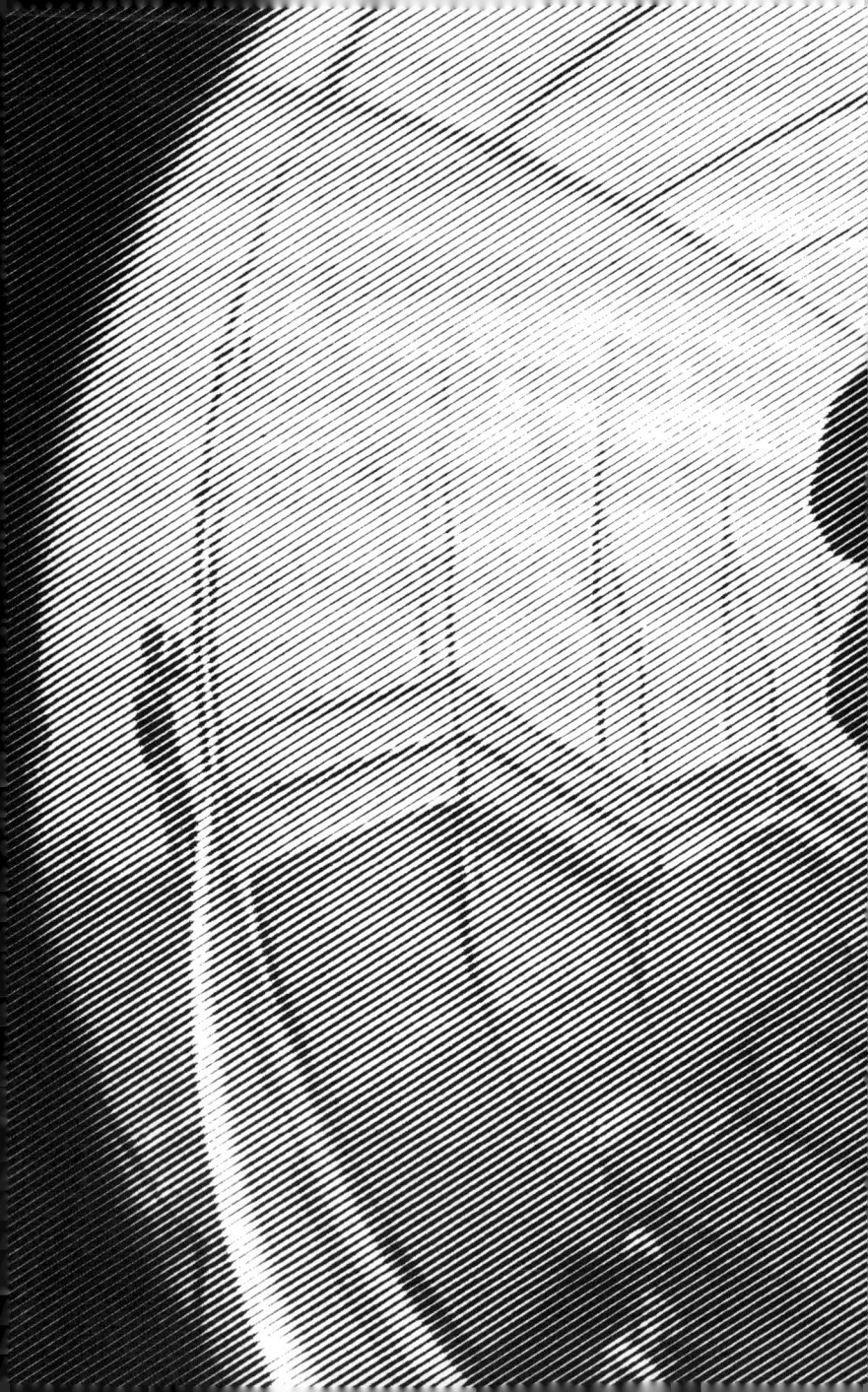

III-1.
켐니츠의 커다란 두상

(예전에는 카를마르크스 시라 불렸던) 켐니츠에 있는 마르크스의 커다란 두상은 작가 레프 케르벨이 만든 것이다. (1989년에서 1990년 사이) 구 동독의 전환기Die Wende 이후에, 이 도시의 모든 시민들이 참여한 투표를 거쳐 이 두상은 중요한 기념물로 등재되어야 한다는 결정이 내려졌다. 2008년, 린츠와 슈니베르크에서 온 학생들은 커튼 같은 재질로 만들어진 입방체로 두상을 둘러쌌다. 방문객들은 눈높이에 자리한 이 입방체 안으로 들어갈 수 있었다. 켐니츠에서 이 거대한 두상은 '대가리Nischel'라 불린다.

>
동독, 1991년 1월,
슈테판 모제스Stefan Moses 사진.

III-2.
베일에 싸인 마르크스

이탈리아 공산당(의 베니스 지부)에 의해 구 동독에 파견된 한 작가는 동독의 수도에 백색과 분홍색으로 도색된 금속 재질의 매우 특이한 마르크스 조각상을 만들었다. 나이가 25살 정도 되어 보이는 이 젊은 마르크스는 완전히 벌거벗은 채였다. 이 나이 무렵에 마르크스는 수염도 기르지 않았다. 당시 그는 나폴레옹 기병연대의 장교처럼 보였는데 1812년에 러시아 저항군들은 이 기병연대의 제복을 벗겨버렸다. 벌거벗고 불그스름한 마르크스는 예술아카데미의 눈 덮인 정원들 가운데 하나에 자리 잡고 서 있었다.

명판에 안내문이 없으면 이 인물이 변증법적 유물론이라는 방법을 창시한 이를 가리킨다는 사실을 누구도 짐작하지 못할 것이기에 검열을 피했을 수도 있다. 어떤 경우이건 이 조각상은 고대적이라기보다는 '현대적'인 누드처럼 보였다. 그럼에도 불구하고 중앙위원회 문화국의 관료들은 당혹스러워했다. 결국 그들은 이 작품이 가리키는 이가 누구인지를 알게 되었다. 그리고 그 이탈리아 조각가가 고국으로 돌아가기 무섭게 그들은 이 조각상을 덮어버렸다. 〔구 동독 말기에 국유기업의 민영화를 관장했던 기관인〕 신탁청의 청산인들이 〔공공 기물의〕 유지 여부를 결정할 때에도 이 조각상은 여전히 그처럼 가려진 상태로 있었다. (역시 이 문제적인 조각상의 이미지가 누구인지는 알지 못한 채로) 그들은 그저 잔존가치라는 측면에서만 이 조각상을 평가했다. 결국 이 유물은 용광로로 들어가게 되었다.

이 조각상은 항상 가려진 채로 사반세기 동안 방치되었다가 금속 덩어리가 되어버린 것이다. 고철 장수들이 보기에 이 물건은 너무 작아서 거의 아무런 흥미도 끌지 못했다. 파리에서 '초기 저술들'을 썼던 젊은 저자의 이미지는 이제 세상에 없다. 1930년대 초반에 이 글들이 발견된 이래, 어떤 식으로든 이 글들은 충분히 제대로 읽히지 않았다. 1995년에 하버드대학출판부에서 간행된 연구서*로도 이 글들의 기백을 따라잡긴 역부족이었다. 이탈리아 조각가가 만든 마르크스의 몸에는 우아한 아름다움이 깃들어 있다. 베일에 가려지지 않은 모습 그대로의 마르크스가 공개적으로 제때에 보여졌더라면 전 세대에 걸쳐 사회주의에 대한 공감을 얻을 수 있었으리라.

---

*   프랭크 E. 마뉴엘의 『카를 마르크스를 위한 레퀴엠 *A Requiem for Karl Marx*』을 가리키는 것으로 보인다.

III-3.
혀의 쾌락, 공감 그리고 무심한 방관자

계몽주의 시대, 아프리카에서 건너온 노예들이 아이티의 설탕 농장에서 일하던 때, 유럽에서 가져온 복잡한 기계들을 통해 정제된 사치품인 설탕은 영국으로 선적되었는데, 이 달콤한 결정체들이 담긴 커다란 그릇이 에딘버러의 한 살롱에 놓여 있었다. 철학자 데이비드 흄은 오후 내내 이 즐거움의 사발 주위를 맴돌면서 입 안에 설탕 조각들을 털어 넣기를 멈출 줄을 몰랐다. 이 손님의 행위는 전혀 뜻밖의 것이었다. 그는 아예 사람들과의 대화에는 참여하지 않았다. 급기야 (당시에 설탕은 대체로 독으로 간주되었던 터라) 이 철학자의 위장이 염려되었던 나머지, 주인은 설탕이 담긴 그릇을 치워버렸다.

이제 자신을 끌어당긴 대상이 사라지고 나자, 흄은 그의 생각들을 말하기 시작했다. 주제는 토마스 홉스의 저서에 나오는 "사람은 사람에게 늑대다homo homini lupus"라는 문장에 대해 논박하는 것이었나. 흄의 아이디어는 얼마 전에 그가 친구인 애덤 스미스와 나누었던 토론에 기초하고 있었다. 인류란 늑대들보다 끔찍하고 훨씬 덜 사회적이죠, 라고 흄은 말했다. 인간들이 늑대들과 구분되는 것은 대체로 인간들은 어떤 통합적 특성에 도달하지 못한다는 점에서죠. 인류의 운명은 서로 경합하는 두 개의 이질적인 특질이 뚜렷하다는 데 달려 있어요. 이건 늑대들에겐 불가능한 거죠. (앞서 설탕을 먹어치울 때만큼이나 집중해서 의견을 늘어놓고 있는 흄의 말을 끊는 이는 아무도 없었다.) 인류는 **무심한impartial 관찰자의 시선**을 취하기도 하고 (이와 반대로) **다른 이와 공감하려는**

강렬한 충동을 갖기도 해요. 이것이야말로 세계를 파악하는 위치에 있을 때 갖게 되는 '두 갈래의 감정'인 거죠. 다른 말로 해보자면 이렇습니다. 모든 노동은 '자신을 무언가와 대립하는 자리에 둠'과 '무언가를 자신 안으로 가져옴(즉, 자신에게 주입함)'을 필요로 합니다. 이것이 이해의 기제이죠. 이는 또한 모든 **작업장**에서 이루어지는 모든 공정들의 기초이기도 해요. 조금 전까지만 해도 식탐에 빠진 그를 업신여기듯 바라보았던 사람들이 이 학식 있는 사내의 장광설에서 즐거움을 느꼈다. 해당 문제로 돌아가 더욱 심오한 방식으로 말하기 위해 그가 점점 더 그 문제로부터 벗어나고 있을 때, 그들은 그의 '사유의 노동'을 목도하고 있었다.

　살롱에 있는 손님들 가운데는 노예상인들, 물리학자들 및 발명가들이 있었다. 흄의 통찰은 이들의 일상적 실천과 관련해서는 아무런 중요성도 없었다. 하지만 그들이 즐겁게 지켜보고 있던 것이 **통찰력 있는 정신의 운동** 자체이며 그것에 대해 그들이 얼마간 관심을 가지려 했음은 분명하다. 그들은 자신들이 모두 **생산 계급**에 속한다고 느꼈다. 이 사교 모임에 지주들은 없었다. 저녁 시간이 흘러감에 따라, 여기저기서 문들이 열리고 서로 맞붙은 응접실 공간들이 보이기 시작했다. 노동의 땀방울로 사탕수수가 수확되는 아이티에서 온 각설탕의 기나긴 여정, 그것은 이 사교 모임의 손님들을 움직이지 못했다. 그들은 무심한 관찰자로서 그것을 대하지도 않았고 공감을 갖고 대하지도 않았다.

>
모스크바, 1928년,
르코르뷔지에, 에이젠슈테인,
안드레이 부로프.